2022 APEC 农业合作报告

◎ 郑 江 王用业 吴秀英 何英彬 赵 畅 李志强 等 著

中国农业科学技术出版社

图书在版编目(CIP)数据

2022APEC 农业合作报告／郑江等著．--北京：中国农业科学技术出版社，2022.9
ISBN 978-7-5116-5936-1

Ⅰ．①2… Ⅱ．①郑… Ⅲ．①亚太经济合作组织-农业合作-研究报告-2022 Ⅳ．①F114.46②F330.31

中国版本图书馆 CIP 数据核字(2022)第 178418 号

责任编辑	李冠桥
责任校对	王 彦
责任印制	姜义伟 王思文

出 版 者	中国农业科学技术出版社 北京市中关村南大街 12 号　邮编：100081
电　　话	(010) 82109705 (编辑室) 　(010) 82109702 (发行部) (010) 82109709 (读者服务部)
网　　址	https://castp.caas.cn
经 销 者	各地新华书店
印 刷 者	北京建宏印刷有限公司
开　　本	170 mm×240 mm　1/16
印　　张	11.5
字　　数	206 千字
版　　次	2022 年 9 月第 1 版　2022 年 9 月第 1 次印刷
定　　价	99.00 元

━━━━ 版权所有·翻印必究 ━━━━

前　言

2022年是亚太经济合作组织（Asia-Pacific Economic Cooperation，APEC，简称亚太经合组织）制定经济复苏计划的关键时段，也是各经济体继续完善自身机制的重要年份。受当今国际局势的影响，尤其是俄乌军事冲突、新旧疫情（新冠病毒变种及猴痘病毒）反复及极端气候等影响，亚太地区面临着与粮食供需相关的挑战，粮食安全再次成为APEC各经济体重中之重的话题。此外，双边合作、绿色发展、服务合作与竞争、《2040年亚太经合组织布特拉加亚愿景》都是2022年APEC值得关注的领域。在此背景下，著者认为有必要对当前APEC地区农业发展与合作以及粮食安全与保障的新情况、新问题和新举措进行整合、梳理，基于大量调查研究、文献查阅和相关报道完成此报告，以期为APEC地区农业合作研究及相关政策的制定提供可借鉴的经验。

本书重点梳理了当前APEC地区农业合作面临的焦点问题，介绍了2022年APEC农业合作重要活动。本书共分为七章，第一章主要介绍了2022年APEC重点合作领域，由郑江、何英彬、王用业完成；第二章重点介绍了APEC生物—循环—绿色经济模式合作的主要内容，由郑江、王用业、陈慧聪完成；第三章详细阐述了中国与APEC经济体的双边农产品贸易分析，由李志强、赵畅、王用业、张文博、安兴奎完成；第四章详细介绍了《APEC服务业竞争力路线图》，由何英彬、王用业、吴秀英、张文博、王向一完成；第五章阐述了APEC减少食物损失和浪费的合作，由郑江、王用业、吴秀英、安兴奎完成；第六章介绍了APEC《奥特亚罗瓦行动计划》的主要内容，由何英彬、王用业、吴秀英、张文博完成；第七章介绍了《亚太经合组织面向2030年粮食安全路线图实施计划》，由何英彬、郑江、王用业、吴秀英、安兴奎完成；全书由郑江、王用业、何英彬统稿、修改、定稿。

本书在写作过程中得到了农业农村部国际合作司国际处董茉莉副处长、刘海涛副调研员和余超博士的大力支持，同时得到了诸多学者（如天津工业大学蔡为民教授、中国农业科学院农业环境与可持续发展研究所秦晓波研究员）的指导。此外，还有一些老师与学生参与了资料收集和部分撰写工作，在此一并表示衷心感谢！

由于著者水平和写作时间有限，内容的完整性、系统性和准确性可能不尽如人意，书中难免有疏漏之处，在此恳请各位学者、同行和广大读者给予批评指正。

著 者

2022 年 9 月于北京

目 录

第一章 2022 年 APEC 重点合作领域 ... 1
- 第一节 2022 年 APEC 合作宗旨 ... 1
- 第二节 2022 年 APEC 合作内容 ... 2

第二章 APEC 生物—循环—绿色经济模式合作 ... 11
- 第一节 APEC 生物—循环—绿色经济模式合作背景 ... 11
- 第二节 APEC 生物—循环—绿色经济模式概述 ... 12
- 第三节 APEC 生物—循环—绿色经济模式合作方式与投资实践 ... 13

第三章 中国与 APEC 经济体双边农产品贸易分析 ... 17
- 第一节 中国与 APEC 经济体双边农产品贸易总量分析 ... 17
- 第二节 中国与 APEC 经济体双边农产品贸易分类细化分析 ... 40
- 第三节 中国和 APEC 经济体双边农产品贸易指数分析 ... 52
- 第四节 中国和 APEC 经济体双边农产品贸易发展建议 ... 74

第四章 APEC 服务业竞争力路线图 ... 76
- 第一节 ASCR 制定背景和合作框架 ... 76
- 第二节 ASCR 实施计划和行动范围 ... 79
- 第三节 ASCR 的中期盘点 ... 87

第五章 APEC 减少食物损失和浪费的合作 ... 131
- 第一节 合作背景 ... 131
- 第二节 制定和实施减少食物损失和浪费公共政策的最佳实践 ... 132
- 第三节 减少食物损失和浪费的公共政策类型 ... 135
- 第四节 减少食物损失和浪费策略包含的特性 ... 138
- 第五节 对减少食物损失和浪费政策的盘点 ... 144

第六章 APEC《奥特亚罗瓦行动计划》 ... 154
- 第一节 贸易投资 ... 154
- 第二节 数字化创新 ... 156

第三节　促进强劲、平衡、安全、可持续和包容性增长 …………… 157
第七章　亚太经合组织面向 2030 年粮食安全路线图实施计划 ……… 161
　　第一节　加快推进数字化创新发展 ……………………………………… 162
　　第二节　提高 APEC 食物系统生产率、包容性和可持续性 ………… 164
　　第三节　创新 APEC 食物系统公私部门合作模式 …………………… 167
　　第四节　《亚太经合组织面向 2030 年粮食安全路线图实施计划》
　　　　　　保障措施 ……………………………………………………… 167
主要参考文献 ……………………………………………………………… 169
附录　本书农产品编号表 ………………………………………………… 173

图表目录

图 3-1　中国农产品进出口总额和人均 GDP ·················· 18
图 3-2　日本农产品进出口总额和人均 GDP ·················· 19
图 3-3　2015—2019 年中日农产品进出口贸易额 ·············· 23
图 3-4　2015—2019 年中韩农产品进出口贸易额 ·············· 28
图 3-5　2015—2019 年中泰农产品进出口贸易额 ·············· 33
图 3-6　2015—2019 年中加农产品进出口贸易额 ·············· 39
图 3-7　2015—2019 年中国向日本出口的五大类农产品 ········ 41
图 3-8　2015—2019 年中国自日本进口五大类农产品情况 ······ 42
图 3-9　2015—2019 年中国向韩国出口五大类农产品情况 ······ 44
图 3-10　2015—2019 年中国自韩国进口五大类农产品情况 ····· 45
图 3-11　2015—2019 年中国向泰国出口五大类农产品情况 ····· 47
图 3-12　2015—2019 年中国自泰国进口五大类农产品情况 ····· 48
图 3-13　2015—2019 年中国向加拿大出口五大类农产品情况 ··· 49
图 3-14　2015—2019 年中国自加拿大进口五大类农产品情况 ··· 51
图 3-15　2015—2019 年中日五大类农产品 IIT 指数趋势 ······· 54
图 3-16　2015—2019 年中日五大类农产品 TC 指数趋势 ······· 57
图 3-17　2015—2019 年中韩五大类农产品 IIT 指数趋势 ······· 59
图 3-18　2015—2019 年中韩五大类农产品 TC 指数趋势 ······· 63
图 3-19　2015—2019 年中泰五大类农产品 IIT 指数趋势 ······· 65
图 3-20　2015—2019 年中泰五大类农产品 TC 指数趋势 ······· 68
图 3-21　2015—2019 年中加五大类农产品 IIT 指数趋势 ······· 70
图 3-22　2015—2019 年中加五大类农产品 TC 指数趋势 ······· 73
图 4-1　2016—2020 年亚太经合组织服务贸易限制指数得分变化 ············· 89
图 4-2　2020 年亚太经合组织的平均服务贸易限制指数得分 ············· 90

图 4-3	世界银行和世界贸易组织在选定服务分部门的服务贸易限制指数比较	91
图 4-4	亚太经合组织经济体的商业服务出口额及其占全球份额	91
图 4-5	亚太经合组织各经济体的商业服务贸易情况	92
图 4-6	服务业增加值占 GDP 的百分比	93
图 4-7	2019—2020 年亚太经合组织服务出口和进口总额（季度数据）	106
图 4-8	2020—2021 部分亚太经合组织经济体月度服务出口同比变化百分比	106
图 4-9	选定行业月度销售额相对于前一年的平均下降幅度	109
图 4-10	2005—2017 年新加坡卫生服务出口	112
图 4-11	2017 年新加坡按供应方式划分的卫生服务出口占比情况	113
图 4-12	2005—2017 年智利的运输服务出口	115
图 4-13	2005—2017 年泰国的旅游服务出口	117
图 4-14	2005—2017 年加拿大教育服务出口	120
图 4-15	2005—2017 年电信、计算机、信息和视听服务出口	123
图 5-1	美国环境保护署食物回收等级制度	133

表 2-1	BCG 投资：农业粮食系统	15
表 2-2	BCG 投资：能源效率弹性	15
表 2-3	BCG 投资：经济中的资源管理创新	16
表 3-1	2015—2019 年中国对日本分类农产品贸易情况	21
表 3-2	2015—2019 年中国对日本农产品进出口贸易额情况	23
表 3-3	2015—2019 年中国对日本农产品进出口贸易增速	24
表 3-4	2015—2019 年中国对韩国分类农产品贸易情况	26
表 3-5	2015—2019 年中国对韩国农产品进出口贸易额情况	28
表 3-6	2015—2019 年中国对韩国农产品进出口贸易增速	29
表 3-7	2015—2019 年中国对泰国分类农产品贸易情况	31
表 3-8	2015—2019 年中国对泰国农产品进出口贸易额情况	33
表 3-9	2015—2019 年中国对泰国农产品进出口贸易增速	35
表 3-10	2015—2019 年中国对加拿大分类农产品贸易情况	36
表 3-11	2015—2019 年中国对加拿大农产品进出口贸易额情况	38

表 3-12	2015—2019年中国对加拿大农产品进出口贸易增速	40
表 3-13	2019年中国向日本出口农产品贸易额排名前6位的分类农产品	41
表 3-14	2019年中国自日本进口农产品贸易额排名前6位的分类农产品	43
表 3-15	2019年中国向韩国出口农产品贸易额排名前6位的分类农产品	44
表 3-16	2019年中国自韩国进口农产品贸易额排名前6位的分类农产品	46
表 3-17	2019年中国向泰国出口农产品贸易额排名前6位的分类农产品	47
表 3-18	2019年中国自泰国进口农产品贸易额排名前6位的分类农产品	48
表 3-19	2019年中国向加拿大出口农产品贸易额排名前6位的分类农产品	50
表 3-20	2019年中国自加拿大进口农产品贸易额排名前6位的分类农产品	51
表 3-21	2015—2019年中日双边农产品贸易分类别IIT指数	52
表 3-22	2015—2019年中日IIT指数及变化趋势	53
表 3-23	2015—2019年中日双边农产品贸易分类别TC指数	55
表 3-24	2015—2019年中日TC指数及变化趋势	56
表 3-25	2015—2019年中韩双边农产品贸易分类别IIT指数	58
表 3-26	2015—2019中韩IIT指数及变化趋势	59
表 3-27	2015—2019年中韩双边农产品贸易分类别TC指数	61
表 3-28	2015—2019年中韩TC指数及变化趋势	62
表 3-29	2015—2019年中泰双边农产品贸易分类别IIT指数	63
表 3-30	2015—2019年中泰IIT指数及变化趋势	64
表 3-31	2015—2019年中泰分类别TC指数	66
表 3-32	2015—2019年中泰TC指数及变化趋势	67
表 3-33	2015—2019年中加双边农产品贸易分类别IIT指数	68
表 3-34	2015—2019年中加IIT指数及变化趋势	69
表 3-35	2015—2019年中加分类别TC指数	71
表 3-36	2015—2019年中加TC指数及变化趋势	72
表 4-1	2020年和2021年亚太经合组织各经济体的政策变化对服务部门的影响	110
表 4-2	泰国主要月度旅游业绩指标变化	118
表 5-1	减少食物损失和浪费的公共政策	135

第一章 2022年APEC重点合作领域

第一节 2022年APEC合作宗旨

当今世界面临更为复杂多元的挑战,亚太合作也进入新的历史阶段。2022年亚太经合组织地区经济增长预测为4.9%;但变异的新冠病毒、持续通胀、大宗商品价格高企等因素将给亚太地区经济增长前景带来巨大的不确定性,亚太经济尽早从疫情的影响中恢复到正常状态是现阶段各成员体最重要的任务。2022年,APEC各经济体应凝聚抗疫合力,共同抗击疫情;继续坚持多边主义和自由贸易的宗旨,用更加创新、包容和可持续的方式恢复区域经济增长,共同打造健康、安全、有韧性的亚太区域。

亚太地区经济复苏的实现在很大程度上取决于政策实施的有效性。新冠肺炎疫情全球大流行,导致APEC经济体供应链中断、金融市场剧烈波动、财政状况恶化、失业率上升、社会经济受到前所未有的冲击,给社会脆弱人群造成了严重的影响;此外,气候变化(尤其是极端气候)、粮食短缺等问题仍在威胁着该地区未来的福祉与繁荣。

将挑战转化为前所未有的新机遇、为亚太地区经济复苏注入新动力,需各经济体并肩前行。各经济体应积极加强政策交流,增进对重建社会秩序的认识和理解,加快落实有利于促进亚太地区实现可持续经济增长目标的政策。亚太经合组织在区域经济复苏方面必须发挥领导作用,总揽全局、协调各方:一是改善贸易投资环境,促进无缝连接、有弹性的供应链建成和负责任的商业行为,增强区域经济贸易流动的稳定性和可预测性,确保亚太地区仍是世界上最具活力和联系最紧密的区域性经济体;二是重视数字化创新的发展,推进区域经济结构性改革和健全的经济政策的形成,以促进亚太区域生产力和经济活力的提高;三是实现强劲、平衡、安全、可持续和包容增长,如此可为亚太地区的人民带来明显的利益和更多的福祉。

2022年，APEC各经济体逐渐将注意力转向亚太地区疫后经济复苏。一方面，疫情凸显了亚太经济增长模式和区域价值链体系存在的结构性缺陷与薄弱环节，APEC各经济体希望通过深化区域经济合作，为亚太经济的高质量发展提供更强的驱动力；另一方面，亚太地区是近年来世界范围内经济增长最具活力的地区，在全球GDP总量和贸易总额中所占的比例超过50%，亚太经济能否尽快走出疫情的阴影并重新迈上健康增长之路，不仅关系到本地区的稳定与繁荣，也备受国际社会的关注。第29次APEC领导人非正式会议主题为"开放—连通—平衡"，希望APEC能够对所有机遇持开放态度，在每个维度上连通，在各方面保持平衡。作为东道主的泰国提出推动亚太经合组织内部就安全、无缝恢复跨境旅行开展对话，并将其作为APEC的优先事项之一，还鼓励各经济体继续推进为实现《2040年亚太经合组织布特拉加亚愿景》而制定的《奥特亚罗瓦行动计划》。

总之，2022年是亚太经合组织制定经济复苏计划的重要年份，也是各经济体继续完善自身机制的重要年份。

第二节 2022年APEC合作内容

新冠肺炎疫情大流行使APEC各经济体都受到了一定的影响。新冠肺炎疫情在减缓亚太地区经济增长速度的同时还带来一些不确定性的问题，使APEC地区经济发展前景不够理想，促进亚太地区经济复苏是APEC 2022年最重要的任务。首先是在贸易投资方面，亚太经济合作组织各方应深化合作，共同应对新冠肺炎疫情和气候变化带来的机遇与挑战，采取协调的经济措施，支持开放、互联互通的贸易和经济政策，减少贸易壁垒，以更好地理解和分享各经济体对疫后亚太经合组织区域经济一体化的预期，推动建立适应各方具体情况并能有效促进经济复苏的新经济增长模式。其次是在恢复各经济体全方位的连接方面，开展亚太经合组织内部就安全、无缝恢复跨境旅行对话，协调各方，努力建立一个多学科的机制，推动亚太经合组织安全通道的建立，促进人员和商业往来、数字互联互通和旅游等领域的重新连接。在尊重各经济体抗击新冠肺炎疫情政策措施的基础上，制定便利航空和海事人员跨境流动的倡议，助力亚太经合组织地区旅游业的复苏。再次是在促进各方平衡、可持续性和包容性发展方面，在以往成果的基础上，遵守亚太经合组织非约束性和自愿性原则，保持环境和生物多样性的可持续管理，倡导包容性人力资源开发，加强亚太经合组织在可持续发展方面的个人和集体能力建设，致力于从新冠肺炎疫情中实现更加平衡、可持续和包容的复苏，并实现长期环境和气候变化目标。2020年，亚太经合组织第27次领导人非正式会议通过了《2040年亚太经合组织布特拉加亚愿景》；2022年，东道主泰国强调将继续推进《2040年亚太经合组织布特拉加亚愿景》计划的实施，以应对新冠肺炎疫情带来的挑战。

在数字创新方面，亚太经合组织是否能从当前的危机中恢复，很大程度上取决于各经济体能否利用创新来提高生产力，尤其是在数字技术领域。数字技术领域的创新取决于亚太经合组织各经济体在市场开放和竞争方面多大程度上能够应用此类技术，并支持各经济体企业和职员适应这一变化。APEC各经济体需顺应数字技术领域快速发展的趋势，加快战略规划、运行机制、组织结构等方面的改革，以进一步深化亚太地区的数字技术领域合作。展望未来，信息基础设施建设和数字化转型依然是亚太地区数字技术领域合作的焦点，APEC应采取更灵活、更多元的机制开展合作。

一、协调贸易投资政策

在新冠肺炎疫情大流行的背景下，亚太地区经济发展面临着诸多现实的或潜在的风险和困难。当务之急，亚太经合组织应实施支持性或辅助性的开放贸易与投资政策，这有助于在加大消费需求的同时恢复企业的投资信心，以创造更多的就业机会。健全的经济治理体系和新一轮结构性改革是经济持续增长和未来经济繁荣的先决条件，APEC应积极推进改革创新，降低关税和非关税壁垒，并以经济技术合作为补充，以促进商品和服务的自由流动，实现自由开放的贸易投资。

自由开放的贸易投资是APEC地区振兴经济的共同战略核心。APEC应坚定不移地支持以世界贸易组织为核心、以规则为基础的多边贸易协定和原则，正是这些协定和原则使亚太地区成为世界上经济增长最快和最具活力的地区。2022年，亚太经合组织优先事项中关于亚太自由贸易区（Free Trade Area of the Asia-Pacific，FTAAP）议程的新一轮对话提出：要打造数字经济生态系统，出台有助于应对环境挑战的经济政策，确保为中小微企业、妇女、青年和私营部门提供可持续的普惠金融。这在一定程度上有利于恢复以规则为基础的多边贸易体系的信心、推进亚太地区经济一体化、促进基本商品和服务的流动。

（一）探索构建高水平自由化、便利化的贸易投资体制机制

为加速 APEC 各经济体之间的贸易投资，构建高水平自由化、便利化的贸易投资体制机制势在必行，这将有助于扩大亚太经合组织的对话范围，促进经济更加包容、可持续和富有弹性的复苏。鉴于该体制机制对疫后经济复苏至关重要，亚太经合组织应鼓励财长会议与其他委员会或工作组进行有效合作，积极开展跨国公司本外币一体化资金池业务，进一步简化相关业务手续，放松资金使用和汇兑限制，扩大资本项目收入使用范围，除法律法规禁止、宏观政策限制和证券投资外，均可在企业经营范围内自主运用。东道主泰国倡议适度允许企业自主选择跨境投融资币种，允许确有合理需求的非金融企业自主选择合同签约、流入和流出各环节的币种。同时，要做好金融风险防御工作：一是制定相应事中事后监管细则，对事中事后进行监管；二是建立风险评估机制和风险应对预案，密切跟踪各项业务开展情况，定期或不定期进行风险评估。这一举措有助于加强各经济体之间的合作，加速各经济体之间的贸易投资发展，促进 APEC 地区金融服务竞争力的提高和 APEC 地区经济强劲、可持续复苏。

（二）共倡自由开放的贸易投资

近年来，以规则为基础的贸易体系是否有能力应对 APEC 地区日益加剧的保护主义、单边贸易行动和政府对某些行业过度保护受到了严重质疑。2022 年，亚太经合组织第 29 次领导人非正式会议的东道主泰国希望亚太经合组织成为一个建设性的参与论坛，让人们重拾对多边贸易体系的信心，同时提议在该会议上就新冠肺炎疫情后实现亚太自贸区启动新一轮对话，相应的活动包括调查、政策对话和盘点活动。

为实现亚太地区的经济复苏和自由贸易区的健康发展，亚太经合组织必须继续开展区域经济一体化这一核心工作。在过去的 20 年里，亚太地区关税总体上逐渐降低，但非关税壁垒却有所增加，部分部门贸易和经济环境仍受高关税的影响。据估计，这些措施使得贸易成本是关税的 3 倍。因此，2022 年，泰国拟计划在 2022 年贸易部长会议期间组织一次非正式公私营部门对话，报告亚太经合组织各经济体的观点，新冠肺炎疫情后实现亚太自贸区的商定也将反映在该会议报告中。

新冠肺炎疫情扰乱了国际供应链，影响了粮食、药品和医疗设备等基本商品的贸易，APEC 地区迫切需要确保供应链的开放性、有效性和弹性。为实现这一目标，亚太经合组织贸易部长已于 2020 年发表了《便利必需品运输宣言》。2022 年，APEC 的工作重点之一是继续落实该宣言，继续寻求关税自由化的机会，以消除非关税壁垒、加强贸易便利化及避免任何不必要的贸易限制性措施。

公平分配疫苗对 APEC 地区贸易投资的恢复尤为关键。据国际货币基金组织（International Monetary Fund，IMF）预测，到 2025 年，疫苗分配和接种将使全球收入增加近 9 万亿美元。疫苗分配作为《便利必需品运输宣言》的部分内容，各经济体应积极开展切实合作，以促进疫苗分配的自由流动，确保疫苗供应链的畅通。

（三）科学引导、创新驱动数字化转型

数字经济以科技手段促进创新，以数字技术带动发展。新冠肺炎疫情对 APEC 地区数字化发展带来严重冲击的同时，也为数字化的转型创造了有利条件，它在一定程度上加速了智能工厂的建设和制造业数字化转型的进程。数字技术在获取社会成果方面具有巨大潜力，如医疗保健、普惠金融、数字农业和智慧农业等，其将成为新冠肺炎疫情后推动地区经济增长的重要途径。随着新冠肺炎疫情逐渐向好，APEC 区域经济体重新开放边境、重启正常经贸文化交流后，数字化经济的发展一定会得到质的飞跃。

APEC 地区要实现数字化转型极具挑战。《2040 年亚太经合组织布特拉加亚愿景》将"数字化创新"作为 APEC 未来 20 年的三大经济驱动力之一，承诺将共同培育以市场因素为驱动、以数字经济创新为支撑的贸易环境。加强数字化基础设施建设、推动数字化结构性改革，是促进数据自由流动的有效途径，是提升数字化交易中的消费者商业互信的有效举措，是弥合 APEC 地区数字化鸿沟的有效路径。2022 年，APEC 经济体应以《2040 年亚太经合组织布特拉加亚愿景》为指引目标，在数字化防疫抗疫、数字化基础设施建设、数字化技能和素养提升、数字化营商环境构建、数字化贸易促进等方面加强合作，共同延续并深化未来 20 年亚太地区数字经济的繁荣和发展。

亚太经合组织应在《亚太经合组织互联网和数字经济路线图》和《亚太经合组织数字经济行动议程》的基础上，通过负责任、数据驱动的创新机制和政策机制加强对数字市场的监管，支持该领域国际规则的制定和实施，并继续分享关于发展数字技能和促进数字扫盲的最佳实践，以培养能够适应环境变化并填补未来工作岗位的高技能劳动力，为新冠肺炎疫情下的经济复苏积累人才。此外，还应及时评估数字经济中的最佳监管案例，包括更好地理解数字市场竞争和监管的不同方式，以推动数字经济健康发展，实现亚太经合组织发达经济体和新兴增长中心之间的数字化互联互通，提升区域经济增长质量和韧性。

二、加速恢复全方位的链接

2020年1月以来，新冠肺炎疫情造成了各方面的巨大破坏，严重影响了亚太地区人民的生活质量，特别是弱势群体的经济和生计。边境限制对供应链和企业的冲击导致商业服务价值暴跌，其中交通和旅游部门受到的影响最大。据亚太经合组织政策支持小组（Policy Support Unit，PSU）分析，跨境流动中断已造成直接贸易损失4 888亿~7 860亿美元，地区GDP损失约1.2万亿美元。该地区的复苏将部分取决于跨境旅行的安全恢复。

根据亚太经合组织领导人和部长在宣言与声明中提出的要求，亚太经合组织强调有必要支持航空和海事人员流动，为人员跨境经商、旅游和教育铺平道路。2021年，新西兰在亚太经合组织内部发起了有关分论坛和议题专家参与的"安全通道"讨论，为高级官员提供了政策讨论的平台。与此同时，亚太经合组织商业流动、健康、生命科学与创新、旅游和交通等相关委员会和分论坛也就"安全通道"问题进行了讨论。目前，已经有了一些倡议，最突出的是为空勤人员提供便利。

鉴于目前的限制措施，以及过去两年来许多边境仍处于关闭状态，人们要求恢复旅行，因此，亚太经合组织以一种安全、方便和实用的方式重新连接起来，是恢复整体亚太地区人民正常生活的必然要求，也是符合亚太经合组织各经济体共同利益的重要举措。亚太经合组织可以在这方面体现其相关性，以响应人民和企业的需求。鉴于形势不断变化，有必要制定《亚太经合组织旅行议定书》，继续开展安全通行工作，协商制定旅行议定书，增强其互通的可操作性，并考虑相互承认疫苗证明，以恢复安全、无缝的跨境旅行。

（一）安全无缝地恢复跨境旅行

新冠肺炎疫情的大流行严重限制了国际航空业和旅游业的发展。2021年，西方主要经济体确定其所谓"群体免疫政策"以后,开放跨境旅游逐渐形成预期。欧美地区已恢复部分国际旅行,与之相比,亚洲和太平洋地区由于疫苗分配、边境政策等难以均衡和统一,旅游产业与恢复进程不尽如人意。据统计,亚太地区2021年接待国际游客人次在世界各地区中下降最为剧烈,与2020年相比下降了65%,比疫情前下降了94%。2022年,亚太经济体应携手合作,共同商讨安全的旅游安排,APEC各经济体可根据自身的实际情况实施不同形式的跨境旅游安排,解除对跨境旅客的限制,安全重启跨境旅游,以缓解疫情对相关产业造成的巨大冲击。

2022年,世界入境防疫措施整体呈放宽趋势。为加快恢复旅游产业及当地社会经济,亚太经合组织中泰国、印度尼西亚、马来西亚、澳大利亚和新西兰等经济体纷纷宣布放松旅行限制并设定期限,对全球旅客全面重开大门,越南官方也开始讨论全面开放旅游服务的计划。2022年,中国国际医疗旅游大会将在北京和上海举行,借此可进一步了解我国跨境医疗和跨境旅游的新动态。国务院印发的《"十四五"旅游业发展规划》提出,将在疫情得到有效控制的前提下,分步有序推进入境旅游,稳步发展出境旅游。2022年,越南包括航空、水路、陆路在内的国际与国内旅游项目于3月15日全面恢复;菲律宾确认从2月10日开始,向外国游客和商务旅客重新开放边境。此外,澳大利亚、新西兰、马来西亚等经济体也陆续提出边境开放计划,最早从2月21日起即可入境,入境者无须隔离。

泰国将在亚太经合组织第29次领导人非正式会议期间倡议就推动亚太经合组织内部安全、无缝恢复跨境旅行开展对话,并将其作为亚太经合组织的优先事项之一,要求在2022年底前建立《亚太经合组织旅行议定书》。

(二) 推进落实《亚太经合组织互联互通蓝图》

在全球互联互通不断增强的时代,亚太经合组织互联互通关系正呈现出新的局面。2021年,在第28次APEC领导人非正式会议上,泰国总理提出,2022年,泰国作为APEC会议东道主,将把落实《2040年亚太经合组织布特拉加亚愿景》计划转为实际行动。为加强亚太经合组织间长期互联互通,亚太经合组织第29次领导人非正式会议将继续讨论亚太经合组织自由旅行卡(APEC Free Travel Card,AFTC),以补充亚太经合组织商务旅行卡(APEC Business Travel Card Scheme,ABTC),使其成为基础更广泛的商务和专业人士跨境旅行的工具。2021年,泰国在关于亚太经合组织旅行卡第二次商业流动小组会议上提出：泰方还将持续推动亚太自贸区相关讨论，聚焦区域互联互通，实现包容和可持续发展，为更广泛参与亚太经合组织旅游卡计划铺平道路。

2022年，APEC各经济体将接续落实《亚太经合组织互联互通蓝图》，进一步加强硬件、软件和人员交往互联互通。此外，亚太经合组织应持续深化命运共同体意识，推进区域经济一体化，加快创新发展步伐，把《2040年亚太经合组织布特拉加亚愿景》进一步转变为现实，以促进区域互联互通，为亚太人民造福。2022年，APEC东道主泰国将在亚太经合组织框架内协调各方，努力推进人员商业往来、数字互联互通和旅游等各领域的重新连接，并采纳亚太经合组织工商咨询委员会的建议，建立一个多学科的机制，推动亚太经合组织的安全通道，创造一个以互联互通为基础，以数字经济和创新为驱动的有利发展环境，使亚太地区所有人和企业都能从中获利，并在互联互通的全球经济中逐渐成长。

三、促进发展的平衡、可持续性和包容性

新冠肺炎疫情暴露了经济在冲击面前固有的不平衡性和脆弱性。2021—2022年，亚太地区经济增长预计保持不变，新冠肺炎疫情的威胁将继续存在。这意味着，单靠经济增长的复苏不足以使经济在长期内保持更加稳定、更具可持续性，实现可持续和公平增长的一个关键挑战是相关政策的制定，同时处理好人与自然的关系、加强对生态系统的保护。亚太地区经济发展须向可持续和包容的经济转型，形成一种更能抵御风险冲击、更注重增长质量的未来区域经济增长模式，并将其与社会发展和环境可持续性目标相结合。

长期以来，亚太经合组织在推进自由开放贸易、加快区域经济一体化的同时，始终坚持可持续和包容增长的目标。自1993年首次召开会议以来，亚太经合组织领导人一直强调高质量增长和可持续发展的重要性。2020年，通过具有里程碑意义的《2040年亚太经合组织布特拉加亚愿景》，APEC各经济体共同承诺为亚太地区全体人民和子孙后代的繁荣，追求强劲、平衡、安全、可持续和具有包容性的增长。2021年7月，APEC经济体一致认为，在应对气候变化和其他环境挑战的同时，区域经济也要从新冠肺炎疫情大流行中实现可持续复苏。

在APEC区域聚焦经济复苏之际，生物—循环—绿色经济模式（Bio-Circular-Green，BCG）为我们提供了一种战略，帮助我们迈向新冠肺炎疫情后更理想的区域经济增长轨迹。生物—循环—绿色经济模式旨在促进长期且有弹性的经济增长，同时，全面确保环境的可持续性。通过加强科学技术创新的应用，转变全社会整体的思维和行为方式，我们有机会在更广泛的亚太经合组织环境中发挥生物—循环—绿色经济模式的作用。2022年，为确保亚太地区能够抵御各种危机和其他紧急情况的冲击，APEC各经济体应携手合作，积极落实区域公共经济政策，加强包容性人力资源开发和经济技术等方面的合作，以全面应对包括气候变化、极端天气和自然灾害在内的所有环境挑战，建设各方面平衡、可持续和具有包容性的亚太地区，为中小微企业和亚太地区的人民带来明显的利益和更大的福祉。

（一）促进各方面平衡、可持续性和具有包容性的前提

近年来，亚太经合组织各论坛通过相关计划和倡议，在促进各方面平衡、可持续性和包容性等方面的工作中取得可喜进展，例如《亚太经合组织2030年粮食安全路线图》《亚太经合组织2020年森林覆盖目标》《亚太经合组织海洋废弃物路线图》和《亚太经合组织打击非法捕鱼行为路线图》等，实现了捕捞和能源强度降低及可再生能源翻番目标，但亚太经合组织仍有空间加快其行动步伐，以更全面的方式向平衡、可持续和包容增长转型，特别是要抓住机遇，打造新冠肺炎疫情后更美好、更绿色的未来。

2022年，泰国将在亚太经合组织第29次领导人非正式会议期间，在以往成果的基础上，寻求以更全面的方式推进亚太经合组织在可持续发展和绿色增长议程方面的工作，拟发表《生物—循环—绿色经济模式曼谷目标》（简称《曼谷目标》）。该文件将重申从新冠肺炎疫情中实现更加平衡、可持续和包容性的经济复苏，并实现长期环境和气候目标——关键要素包括气候变化减缓、包容性人力资源开发、农业和粮食安全等方面发展目标。该文件将作为未来合作项目和伙伴关系的基础，有助于加强亚太经合组织在可持续发展方面的个人和集体努力。2022年2月举行的"理解生物—循环—绿色经济模式促进亚太地区强劲、平衡、安全、可持续和包容增长"政策对话提出：要创造一个公平公正的社会，就需要平衡的、有弹性的、可持续的经济，而不是一个只关注经济增长的模式。

（二）赋能可持续发展，降低能源消耗，以应对气候变化

实现绿色低碳的可持续发展的关键是相关公共政策的制定与实施。亚太经

合组织作为一个区域性经济论坛，完全可以制定有关推动绿色、减排、可持续等方面的区域性政策和经济激励措施。因此，亚太经合组织将重点在以市场为基础的措施上，摒弃那些刺激不可持续的消费和生产的补贴，营造产品和服务贸易自由化的环境，所有的社会和经济互动都应与环境有关，例如清洁能源、林产品采伐、处理海洋垃圾及制定《粮食安全路线图》等，以强化应对恶劣环境，特别是应对气候变化挑战的能力。

在疫后经济复苏工作中，应将经济效益指标纳入环境问题领域，以促进各方面的平衡、发展的可持续性和包容性。有了新冠肺炎疫情后的大量刺激政策，各经济体将其经济推向环境可持续发展轨道的机会前所未有。支持绿色、可持续复苏对亚太经合组织各经济体尤为重要，APEC成员体应相互分享实施生物经济、循环经济和绿色经济方面的经验及识别应用可持续经济增长模型所面临的挑战和机遇，并与利益相关方建立伙伴关系，以实现可持续发展目标。泰国提出生物—循环—绿色经济模式概念，鼓励实现可持续的亚太经合组织成果，最终实现一个共同的成果《曼谷目标》，以推动亚太经合组织可持续地向前发展。

《2040年亚太经合组织布特拉加亚愿景》确认了亚太经合组织成员推动经济增长和政策合作的承诺，支持全球努力应对包括气候变化、极端天气和自然灾害在内的所有环境挑战，建设一个可持续发展的地球。鉴于APEC各经济体面临的环境和气候变化问题的严重性，鼓励各经济体在亚太经合组织以往成功经验的基础上进一步开展合作；支持APEC经济体将更清洁、更环保的商品列入《亚太经合组织环境产品清单》，并进一步降低清单中商品的关税。在此基础上，APEC各经济体应向循环经济转型，重新思考产品服务和系统设计，以应对气候变化、生物多样性丧失、浪费和污染等全球性挑战。

第二章　APEC 生物—循环—绿色经济模式合作

第一节　APEC 生物—循环—绿色经济模式合作背景

新冠肺炎疫情大流行暴露出亚太地区整体经济长期发展可持续性的问题。近些年亚太地区发展成果受到破坏，脆弱群体再次受到经济衰退的影响。此外，气候变化和生物多样性的丧失对亚太经合组织经济体构成的风险越来越大。要转变当前发展形势，急需一个平衡的、有弹性的、可持续的经济发展模式，而不能只关注一种经济增长模式。有了新冠肺炎疫情后大量政策刺激的举措，各经济体将其经济推向环境可持续发展轨道的机会前所未有。

亚太经合组织是亚太地区最具影响的经济合作组织，《2024 年亚太经合组织布特拉加亚愿景》《奥特亚罗瓦行动计划》等文件是亚太经合组织成员致力于制定与可持续发展和绿色议程相关文件的佐证。作为 2022 年亚太经合组织第 29 次领导人非正式会议的东道主，泰国提出了生物—循环—绿色经济模式概念，赋予亚太经合组织经济体必要的自主权，从而制定应对其环境、社会和经济挑战的对策，以降低亚太经合组织区域内投资、协调和最终实现可持续性成果的相关成本，最终达成《曼谷目标》。当前，亚太经合组织所制定的许多实施办法都是不全面的，没有考虑到经济增长可能对环境产生的潜在影响，所以生物—循环—绿色经济模式对于建立一个开放、有活力、有韧性、和平的亚太共同体是必要的。在此基础之上，亚太经合组织各经济体需坚持自身特色、创新区域治理合作方式，最大程度地激发各成员体的增长潜力，为亚太地区生物—循环—绿色经济模式合作注入不竭动力，以确保亚太地区顺利实现生物—循环—绿色经济模式的发展目标。

第二节　APEC 生物—循环—绿色经济模式概述

生物—循环—绿色经济模式是一项利用科学创新和技术手段来实现资源有效利用、维护和恢复生态系统、减少资源浪费的经济增长战略。由于公共部门和私营部门之间缺乏关于可持续性定义的共识，该战略的实施需要对环境、社会和经济之间的相互作用有共同的理解，以协调投资且最大化可持续性发展成果。生物—循环—绿色经济模式整合了三个不同的方面，包括生物经济、循环经济和绿色经济，为可持续发展提供了一个共同的框架。生物—循环—绿色经济模式与很多其他可持续发展计划一样，首要目标也是促进平衡和可持续增长，从利润最大化转向资源再生和资源利用优化的可持续商业模式。它的独特之处在于其致力于整合现有的可持续发展模式，秉承每一种模式的效用，通过整合这三种模式实现更低成本、更有效的平衡和可持续的增长。虽然每种模式都有一个共同的增长目标，但它们都有不同的切入点。

生物经济涉及可再生生物资源和生物基材料的生产，并利用技术创新将其转化为有附加值的产品。生物经济有时也被称为"生物基础经济"或"知识基础生物经济"，它利用来自陆地或海洋的生物资源的潜力开发商业化的商品和服务。在条件允许的情况下，可用生物技术和基于知识的创新来推动这一过程，用基于化石的活动替代那些基于生物质的活动。这包括将生物质转化为各种产品的技术，例如从生物能源和燃料到纸张和商品，以及纺织品、化学品和药品，利用基因提高作物性能，创造新的或更先进的药物。

循环经济是一种可再生的生产—消费系统，产品服务和系统设计的选择使垃圾和污染得以消除、现有材料保持使用（再利用、翻新、修复、再制造、回收、堆肥）、自然系统循环再生。循环经济通常在物质能量的物质流动方面与占主导地位的全球线性经济相对立，在线性经济中，资源被开采使用，其价值和效用会随之丧失。循环经济是建立在消除污染与浪费、保持产品和材料的使用功能、再生自然系统三个原则的基础上，每一个原则都由设计驱动，其转型需要所有参与者重新思考产品服务和系统设计，从而衍生出创造性的创新机会。循环经济的基础是向可再生材料和能源的过渡，这不仅有助于应对气候变化、生物多样性丧失、污染和浪费等全球挑战，还有助于再生的生产—消费系统的发展。

绿色经济，即在不损害生态系统可持续性的前提下，以公平和包容的方式利用生态系统过程造福人类，其核心目标是希望改善人类福祉和社会公平，同时减少环境风险和生态系统的稀缺。绿色经济除了推广低碳能源（起源于岩石圈的非生物能源），还主张在自然和半自然系统中发生的生态系统过程可以在不损害这些生态系统的可持续性的情况下为人类造福。这种有益的生态过程，即生态系统服务，在很大程度上支持了经济和社会的运作，但往往是无形的或被忽视的。

这三种模式结合在一起，涵盖了经济和环境之间复杂的关系程度。绿色经济的重点是利用生态系统为社会经济提供投入的方式；生物经济的重点是利用可再生生物资源和生物基材料的经济；循环经济的重点是观察整体生产和消费系统，确保它是可再生的。从 BCG 的概念可认识到：虽然生物经济、循环经济和绿色经济都被很好地理解为独立的模式，但有必要将这些概念整合起来，为迅速确定可持续发展目标提供最佳方法，并使决策者能够最大限度地设计和执行支持环境可持续发展的政策行动。在向平衡、包容、可持续、创新和安全增长转型的过程中，亚太经合组织各经济体将根据自身的经济、社会和环境背景，选择一条适合现阶段自身发展情况的独特道路去发展生物—循环—绿色经济。

第三节　APEC 生物—循环—绿色经济模式合作方式与投资实践

虽然亚太经合组织各经济体转型发展的路径各不相同，但目标是一致的，即平衡和可持续增长要求各经济体保持现有的和未来的"资本存量"，即支撑经济社会发展并对人类福祉作出贡献的资本。资本主要由自然资本、人力资本、社会资本或生产资本构成。如果各经济体欲共享信息，最大限度地扩大私人或公共投资，从而推进 BCG 经济模式向前发展，就需要对各经济体如何投资以及如何将投资与不同结果联系起来进行分析，以构建共同的投资框架。

一、APEC 生物—循环—绿色经济模式合作方式

环境是随着自然资本、人力资本、社会资本、建设资本等的变化逐渐演化的，生态系统提供服务的能力也是有限的。BCG 经济模式的工作流程集人力

资本、建设资本、自然资本、社会资本四种类型的资本为一体，采取的所有政策行动都可以为特定经济体或地区进行资本投资。这些投资包括对教育活动的投资，从而改善人力资本、保护和增强自然资本。人力资本的变化可能会带来创新机会，以支持生态系统的再生和减少残留物进入生态环境；社会资本的变化有助于加快新技术的共享，从而减少对自然投入的需求；生产资本的改变改善了自然投入方式，促进了经济中产品的再利用和循环利用。

BCG经济模式框架支持亚太经合组织所有成员独立实现可持续发展。BCG经济可持续发展政策的主要挑战为政府和企业如何协调其资本投资组合，以实现各种绿色、生物和循环经济成果。APEC各经济体在BCG经济方面的合作采用一种共同的框架是最有效的合作路径，因为使用一种共同的框架可以从信息共享和协调合作中获得最大的利益。对投资决策活动过程的掌控，是描述BCG经济业绩和适应性管理的基础，生物经济、循环经济和绿色经济都是资本投资的有效方法，通过利用这些方法的协同作用，对资本的投资将实现利益最大化。

二、APEC生物—循环—绿色经济模式投资实践

BCG经济模式在实践中是政府、私营部门和学术界经常开展合作的领域，每个参与方都有机会协调利用其合作伙伴的能力来实现BCG成果。表2-1和表2-2是BCG投资活动的不同切入点的例子，包括农业粮食系统、能源效率和弹性以及资源管理和创新。表格中的方法为BCG经济相关的活动和结果提供了一个共同的框架。第一栏将活动描述为对人力资本、建设资本、自然资本和社会资本的投资，生物经济、绿色经济和循环经济的每一个活动描述在其中。一些投资同时涵盖了BCG经济的所有组成部分，而另一些只有部分内容。

表2-1举例说明了农业粮食系统的投资活动以及这些活动如何实现BCG经济成果。需要人力资本投资的活动是教育，以转变可再生粮食生产，减少对合成肥料的依赖，保护当地的自然资本（河流和湿地）；绿色经济的成果是一个可持续的河流生态系统和清洁的水环境；循环经济的结果是减少对环境有害的残留物，从而使土壤更健康，使粮食生产系统更具弹性；生物经济的结果是保护可再生生物资源。

表 2-1 BCG 投资：农业粮食系统

活动	生物经济的结果	循环经济的结果	绿色经济的结果
人力资本：例如通过减少对合成肥料的依赖，转向可再生粮食生产	保护可再生生物资源，更好地利用可转化为高价值非食物产品的食物副产品，如生物材料、有机肥和动物饲料	健康、有弹性的土壤和粮食生产	可持续的河流生态系统和清洁的水环境
建设资本：物联网（Internet of Things, IoT）监测灌溉用水	减少对生物资源（水资源）的压力	减少对自然投入的需求	减少对自然系统的压力；地方居民收入水平不断提高和稳定
自然资本：森林恢复	增加可再生生物资源（生态系统）存量	改善自然资本体系的健康和弹性	可持续森林生态系统；鸟类繁殖地
社会资本：支持建立当地农民网络，分享再生产方法的最佳实践	保护可再生生物资源，最大限度地利用副产品的再利用潜力（如作为升级再造的食物原料或高价值的非食物产品）	减少流向环境的废弃物（养分），改进再生性耕作方法，减少投入需求	地方居民收入水平和社区幸福感不断提高

表 2-2 提供了一个有关能源效率和弹性方面的投资活动的例子，以及它们如何实现 BCG 经济的成果。扩大自然森林和再植森林面积可增加当地就业，提供替代能源（木柴），并使木制品在经济中能够重新利用和循环利用。新技术允许从绿色废物中生产能源，以减少对化石燃料的需求和清除环境中的废弃物。

表 2-2 BCG 投资：能源效率弹性

活动	生物经济的结果	循环经济的结果	绿色经济的结果
人力资本：教育要少用能源，改善能源基础设施的设计	保护可再生生物资源免受气候变化的影响	减少来自不可再生能源的温室气体，并保持材料的可使用性	减少生态系统因气候变化而崩溃和衰退的风险
建设资本：将食物垃圾转化为生物燃料的生产系统	利用残留物生产生物能源和生物燃料	经济中剩余资金的有效利用	减少残留物对生态系统的压力
自然资本：森林扩张	为当地社区提供木柴	再利用及循环再造木制品	可持续森林生态系统
社会资本：可再生能源利益团体支持自下而上的方法发展分散式能源网	保护可再生生物资源	减少来自不可再生能源的温室气体	保护当地生态系统

表 2-3 提供了经济中资源管理和创新活动（投资）的一个例子，以及它

们如何实现 BCG 的成果。扩大湿地面积，支持当地湿地管理团队，增加当地就业，为创新产品提供替代的生物量来源。对人力资本进行投资以支持新技术和创新，对于确保经济的长期可持续发展至关重要。

表 2-3　BCG 投资：经济中的资源管理创新

活动	绿色经济的结果	循环经济的结果	生物经济的结果
人力资本：鼓励改变消费者行为，并按照 BCG 经济的要求刺激商业创新	可持续的河流生态系统和清洁的水环境	向市场投放可继续使用的产品，并建立系统和激励机制，使家庭能够更好地处置其残余物	创造与该系统协同工作并实现 BCG 经济目标的生物产品
建设资本：生产系统设计，以支持公司进行循环设计和商业模式选择，使资源得以持续使用	减少残留物对生态系统的压力	通过与产品相适应的多个循环，高效利用经济中的产品和材料残余物（例如重复使用或堆肥）	利用残留物生产生物能源和生物燃料
自然资本：湿地恢复	可持续的湿地生态系统	从环境中去除营养物质	收获"生态生物"（例如香蒲），永久去除营养成分在生长过程中被吸收并储存在植物内部被用于固体燃料的生物燃料和生物产品
社会资本：支持本地湿地管理小组	保护当地生态系统和低成本协调投资	减少对人工输入的依赖	保护可再生生物资源

第三章 中国与APEC经济体双边农产品贸易分析

1989年11月，韩国、日本、新西兰、澳大利亚、加拿大、美国和东盟6个经济体在澳大利亚首都堪培拉举行了亚太地区经济合作第一届部长级会议，该会议的成功举行标志着亚太经合组织的成立，韩国、泰国与加拿大三个经济体成员相继加入亚太经合组织。中国于1991年11月正式加入亚太经合组织，此后于APEC发展的各个阶段，中国为亚太地区的经济发展与合作、文化创新与包容、气候变化与基础设施建设、加强和支持政策协调与多边贸易体制等方面均作出了巨大的贡献。在亚太经合组织发展日益成熟并拥有广泛影响力的今天，分析中国与亚太经合组织各经济体双边农产品贸易关系十分有益。

第一节 中国与APEC经济体双边农产品贸易总量分析

一、中日农产品贸易总量分析

中国是全球农业生产和消费大国，农产品贸易是中国对外贸易的重要组成部分，外贸对中国的农业生产和农民收入有着深刻的影响，也是我国政府和人民长期关注的重要领域。改革开放以来，中国的经济发展迅猛，农业进出口贸易也得到提升和发展。日本国土小，人地关系紧张，农业发展受限，农产品需求大量依赖进口。通过农产品进出口贸易，将农业资源在世界范围内更优化地进行配置，以满足不同经济体、不同地区、不同文化等多方面的消费需求，是开展APEC双边农产品贸易的前提。在经济全球化逐步加深的过程中，农业贸易也是经济全球化的重要组成部分。中国与日本在地理位置上相近，进出口贸易额较高。中国与日本之间的农产品贸易总体上以中国向日本出口农产品为主，且农产品贸易总量一直呈现走高趋势。

(一) 中国农产品进出口概况

在经济全球化的大背景下,全球农产品进出口贸易日益加深,中国农产品进出口贸易额也随之快速增长,有效地促进了中国经济的快速发展、国内生产总值的迅速提升、人民收入显著增加,对高品质农产品的需求也进一步释放。

从图3-1中可以看出,2006—2020年中国进口农产品总额与人均GDP均快速增长,并呈现出较高的正相关。2006—2014年中国农产品出口总额增长较快,2014年之后比较稳定,且波动较小。2006年中国人均GDP为2 099美元,2020年中国人均GDP为10 484美元,年复合增长率为12.17%,增长速度较快,在全球主要经济体和地区中居第63位。2006—2020年中国的农产品进口总额变化较大,2006年进口额为236亿美元,到2020年进口额为1 620亿美元,年复合增长率为14.75%。这说明了我国对于农产品的需求快速增长,对于进口农产品的需求旺盛。中国的农产品出口总额在2006—2014年增长也很迅速,年复合增长率为10.95%;2014—2020年比较稳定,年复合增长率为1.20%。2006—2007年中国进口农产品额小于出口额,存在一定的贸易顺差,2008年之后,进口农产品额大于出口额,出现贸易逆差且贸易逆差逐步扩大,贸易逆差的增速较快。2020年贸易逆差为877亿美元,年复合增长

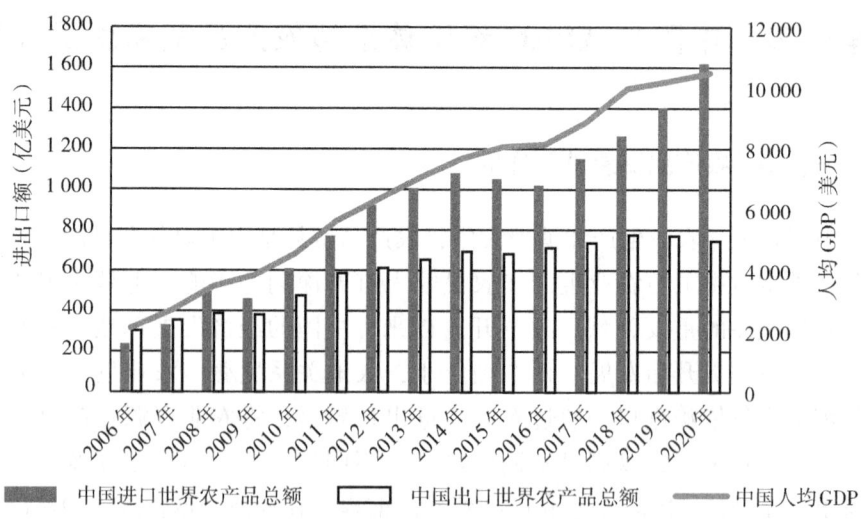

图3-1 中国农产品进出口总额和人均GDP

率为 29.70%。2020 年，中国农产品出口总额为 745 亿美元，贸易逆差为 877 亿美元，贸易逆差比出口总额还多。随着我国人均 GDP 的快速增长，人民对高质量农产品的需求也快速增长。

经济全球化的开放性和竞争性意味着机遇与挑战并存，保障国内农产品供应和农产品价格稳定，保障农民的劳动收益是一项重要的课题。贸易逆差的进一步扩大促使我国要提高农业的规模化和专业化，重视农产品品牌建设，提高农产品附加值，保障农产品供应的数量和质量。

（二）日本农业进出口概况

日本耕地数量较少，人均耕地面积约 0.535 亩①，人地关系紧张，因此需要大量进口农产品。日本是世界上净进口粮食的主要经济体之一，但农产品进口量有一定的波动。从图 3-2 中可以看出，2006—2020 年日本进口农产品总额与人均 GDP 均存在一定的波动，且波动情况趋于同步，具有一定的正相关关系；日本农产品出口总额虽小，但一直呈上升趋势。

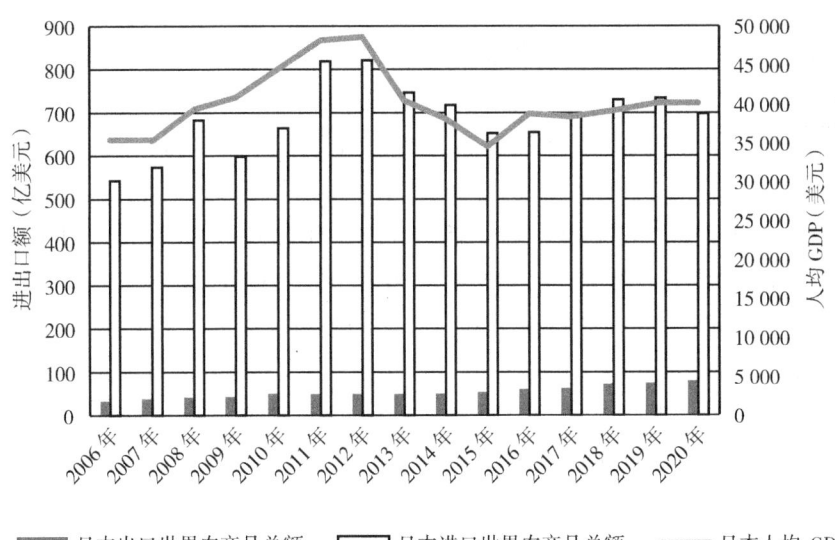

图 3-2　日本农产品进出口总额和人均 GDP

---

① 1 亩 = 1/15 公顷。

日本人均 GDP 一直处于波动状态。2006—2012 年增长 13 170 美元/人，2012—2015 年下降 14 079 美元/人，2016 年之后比较稳定，一直维持在 40 000 美元/人左右，2020 年日本人均 GDP 为 40 146 美元，大约是中国的 4 倍，在全球主要经济体和地区中居第 23 位。2006—2008 年，日本人均 GDP 和农产品进口额均呈上升趋势；2009 年，由于当时金融危机的影响，日本农产品进口额下降；金融危机过后，进口额和人均 GDP 都得到恢复并明显增长，2012 年达到峰值；2013—2015 年，全球经济放缓，部分经济体出现负增长，日本的人均 GDP 和农产品进口额下降；2016—2020 年，经济回升，日本的人均 GDP 和农产品进口额平缓上升，呈现出比较稳定的状态。2006—2020 年日本出口农产品的年复合增长率为 6.38%；农产品贸易逆差一直处于较高水平，对农产品进口有大量的需求，但从日本农产品出口额的增长可以发现日本具有较高的农产品生产水平和较高的农产品质量。

（三）中日农产品进出口贸易概况

中国与日本自建交以来，双边关系在发展中逐渐改善，从"睦邻友好"到"战略互惠"，政策透明度的提高使得双边共同发展和深化互利合作得到保障，并在开放、包容、透明三项原则的基础上开展了双边多形式的合作。近年来，中国对日本的农产品贸易在总量上趋于稳定，贸易合作方式在不断深化。由表 3-1 和表 3-2（从中国视角分析出口与进口）来看，在 2015—2019 年，中国对日本双边农产品贸易总量保持着稳定增长的态势，由 2015 年的 1 145 182.750 万美元增长至 2019 年的 1 204 507.528 万美元，4 年间增长 59 324.778 万美元，年平均增长率为 1.30%，主要以中国向日本出口为主。2015 年，中国向日本出口的农产品贸易额为 1 044 121.939 万美元，中国自日本进口的农产品贸易额为 101 060.811 万美元，出口额是进口额的 10.33 倍；2019 年，中国向日本出口的农产品贸易额为 1 051 262.708 万美元，中国自日本进口的农产品贸易额为 153 244.862 万美元，出口额是进口额的 6.86 倍，5 年中，出口额与进口额之比在缩小。由此可见，在中国与日本的农产品双边贸易中，在稳定双边贸易的同时，中国也始终保持着农产品进出口贸易的主体地位，但更趋均衡化。中国与日本农产品贸易合作的加强对满足我国粮食安全与农产品需求有重大意义，为中国实现经济多元化的双边贸易作出了重大贡献（图 3-3）。

表 3-1 2015—2019 年中国对日本分类农产品贸易情况

单位：万美元

编号	2015 年 出口	2015 年 进口	2016 年 出口	2016 年 进口	2017 年 出口	2017 年 进口	2018 年 出口	2018 年 进口	2019 年 出口	2019 年 进口
HS01	574.255	251.274	510.496	272.651	471.464	964.820	434.563	892.451	400.229	1 332.470
HS02	56.316	0.000	29.489	0.000	19.394	0.000	127.554	0.000	249.039	0.000
HS03	187 469.395	24 884.298	200 804.266	27 788.180	211 157.838	27 008.346	211 864.440	34 718.798	204 147.557	32 953.112
HS04	8 737.789	10.630	12 156.158	54.788	10 203.865	15.411	10 026.540	104.649	8 938.576	80.198
HS05	19 309.995	729.750	14 515.073	750.142	16 920.699	777.247	18 965.931	833.338	20 186.018	1 080.702
HS06	8 723.480	4 006.645	9 839.906	4 201.215	9 922.444	5 206.532	10 500.678	5 948.468	11 058.757	4 866.515
HS07	124 926.860	46.968	129 186.719	25.660	131 527.189	6.772	134 791.466	2.159	127 581.254	14.305
HS08	15 288.433	572.960	14 861.573	831.415	15 178.746	621.493	14 981.911	410.955	14 262.068	224.104
HS09	16 090.612	240.194	14 999.143	500.997	15 635.063	561.982	17 014.658	716.073	17 328.530	1 061.250
HS10	5 455.007	282.612	4 485.545	177.602	3 324.421	112.427	7 685.023	188.145	3 505.435	357.308
HS11	3 674.357	110.516	3 229.714	193.433	3 179.324	408.127	2 848.575	665.834	3 093.441	1 365.337
HS12	31 811.311	5 340.759	35 273.922	5 951.835	33 480.012	7 112.571	33 733.600	7 005.211	34 051.241	7 359.250
HS13	17 260.788	438.853	17 246.257	400.870	19 003.807	323.783	19 572.880	529.525	19 860.038	508.676
HS14	2 151.113	8.320	2 114.894	5.504	2 297.020	7.986	2 263.297	13.248	2 237.704	20.077
HS15	3 590.705	549.375	2 936.257	658.649	2 605.403	579.201	3 444.422	961.913	3 987.779	800.737
HS16	265 585.742	729.066	248 715.423	2 272.498	268 348.412	1 454.509	292 285.203	4 438.118	284 872.692	3 532.319
HS17	1 331.977	1 003.269	1 259.142	1 230.551	1 317.701	1 680.159	1 541.498	2 357.796	1 566.592	3 869.270

(续表)

编号	2015年 出口	2015年 进口	2016年 出口	2016年 进口	2017年 出口	2017年 进口	2018年 出口	2018年 进口	2019年 出口	2019年 进口
HS18	2 586.463	715.995	2 443.388	770.530	2 533.527	726.696	2 352.132	940.434	2 323.332	1 034.453
HS19	23 892.047	3 455.734	21 768.571	5 460.430	22 997.793	6 513.335	22 538.602	11 018.506	22 827.859	12 955.769
HS20	167 843.619	283.721	161 196.953	410.027	166 349.978	394.312	172 324.500	788.376	167 893.602	970.260
HS21	22 149.557	9 548.598	21 593.932	9 597.522	20 631.717	10 440.062	21 317.679	21 915.031	21 816.584	26 436.036
HS22	3 185.363	3 646.695	3 403.934	4 776.775	3 469.982	6 671.529	4 607.746	10 445.587	4 397.590	15 426.099
HS23	72 534.035	1 113.634	66 176.470	1 023.168	47 955.519	582.393	54 282.571	752.102	43 495.219	1 128.703
HS24	3 153.950	4 250.019	3 085.895	4 550.366	864.244	5 015.468	1 054.776	6 663.149	1 688.729	7 874.599
HS51	23 385.279	14 684.241	24 139.873	14 246.566	21 369.427	13 330.624	24 435.449	14 075.196	20 389.779	12 494.035
HS52	13 353.492	24 156.690	12 303.400	18 769.537	11 339.345	16 802.063	11 794.315	15 592.523	9 103.068	15 499.280

数据来源：海关总署。

表 3-2　2015—2019 年中国对日本农产品进出口贸易额情况

单位：万美元

项目	2015 年	2016 年	2017 年	2018 年	2019 年
出口额	1 044 121.939	1 028 276.392	1 042 104.331	1 096 790.009	1 051 262.708
进口额	101 060.811	104 920.910	107 317.845	141 977.586	153 244.820
贸易额	1 145 182.750	1 133 197.302	1 149 422.176	1 238 767.595	1 204 507.528
贸易顺差	943 061.128	923 355.482	934 786.486	954 812.423	898 017.888

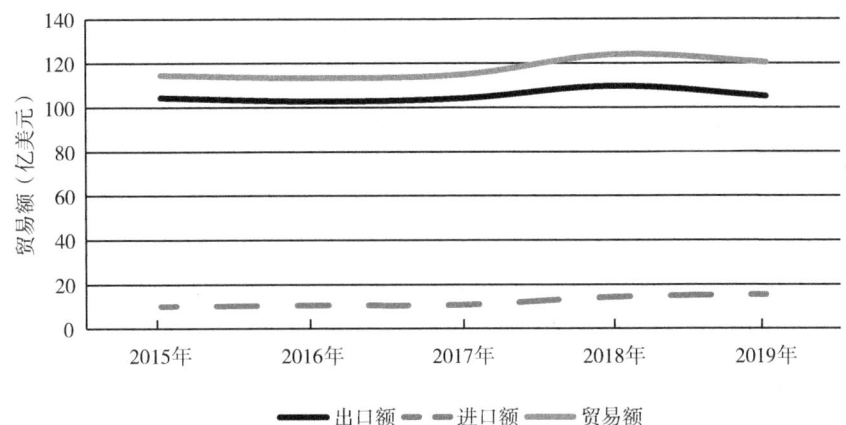

图 3-3　2015—2019 年中日农产品进出口贸易额

由表 3-2 可知，2015 年中国对日本农产品贸易顺差额为 943 061.128 万美元，2019 年顺差额缩小至 898 017.888 万美元，两国间的顺差额呈现反 "N" 字形态势，但总体保持在 930 000 万美元上下波动。2015—2019 年，中国对日本的农产品贸易一直是处于顺差，究其原因，主要有三个方面：第一，中国是一个农业大国，一直把保证粮食供给安全和保障民生作为头等大事，对农民和农业的发展给予了高度重视，并出台了相应的惠农政策，再加上农业科技的进步和推广，各类农产品的产量逐年增加，为双边贸易中农产品的供给提供了保障；第二，日本属于岛国，可利用的农业生产资源有限，加之国内民众多种类的农产品需求，使得日本成为中国农产品主要出口目的地之一；第三，日本的农产品种类和数量有限，不能满足日本国内市场需求，与中国农产品市场供给与需求相比始终处于劣势一方，比如水生无脊椎动物、食用蔬菜、水果、根茎、块茎、肉、鱼等动植物制品，中国的出口额都超过了百万吨级别。

表3-3表明，2015—2019年中日农产品贸易额与中国出口额呈相同趋势，中国进口额自2015年起一直保持稳定增长。从贸易额增速来看，2018年增速最快，达7.77%；2019年贸易额下降幅度最大，为-2.77%；2016年和2019年增速均为负值，但整体上中日农产品贸易额变化幅度较小，并逐渐趋于稳定。从出口额增速来看，2018年增速最快，达5.23%；2019年出口额降幅最大，达4.15%；出口额增速虽上下波动，但总体上保持趋平稳势。中国进口额增速，2018年达到最高峰，增速为32.30%，在2015—2019年这4年间，中国自日本进口农产品的贸易额不断增长，这是两国双边贸易合作加深的表现，也是双边贸易保持持续向好的良好发展态势。

表3-3 2015—2019年中国对日本农产品进出口贸易增速

年份	贸易额（万美元）	贸易增速（%）	出口额（万美元）	出口增速（%）	进口额（万美元）	进口增速（%）
2015	1 145 182.750	—	1 044 121.939	—	101 060.811	—
2016	1 133 197.302	-1.05	1 028 276.392	-1.52	104 920.910	3.82
2017	1 149 422.176	1.43	1 042 104.331	1.34	107 317.845	2.28
2018	1 238 767.595	7.77	1 096 790.009	5.23	141 977.586	32.30
2019	1 204 507.528	-2.77	1 051 262.708	-4.15	153 244.820	7.94

分析数据可知，2015—2019年，同为APEC经济体的中国和日本，在双边农产品进出口贸易方面保持着稳定向好发展的态势，中日双方在推进双边贸易发展的同时，也为亚太地区农产品进出口贸易的发展作出重要贡献。但同样也显示出一些问题，例如2015—2019年，中国在对日本的双边农产品进出口贸易中一直属于贸易顺差方，且这种状态在短期内不会发生转变，说明了两国农产品进出口贸易正处于不对称的状态，虽然贸易顺差额一直稳定在930 000万美元上下，但差额还是较大，这种状态下的贸易发展对于双方来说是都是一种不稳定的因素，所以，探寻产生此现象的原因，并减少这些因素对双边农产品贸易稳定的影响具有重大意义。

二、中韩农产品贸易总量分析

自中韩1992年8月正式建交以来，中韩不断开展高层人员往来活动，双边贸易往来也随之日益频繁，合作领域持续拓宽并深化。在经济发展方面，中韩相互促进、相互发展，已成彼此重要的贸易伙伴。不仅如此，双边在文化、科技、教育、卫生等领域的交流和合作得到健康发展。中国已成为韩国最大的贸易伙伴，也是韩国最大的出口市场和最大的进口来源地，韩国已成为中国的第三大贸易伙伴。据统计，1992年中韩双边贸易额仅为50.30亿美元；2018年中韩双边贸易额增长到3 134.30亿美元，20余年间增长3 084.00亿美元，增长高达61倍之多。

由表3-4和表3-5可知，在2015—2019年，中韩双边农产品贸易总量保持波动式增长，呈现出"M"字形的走势。5年间，由2015年的559 428.422万美元增长至2019年的610 450.523万美元，增长了51 022.101万美元，年平均增长率为2.28%。中韩农产品双边贸易与中日农产品双边贸易类型相似，主要以中国向韩国出口为主。2015年，中国向韩国出口农产品的贸易额为466 973.335万美元，中国自韩国进口农产品的贸易额为92 455.087万美元，中国出口额是进口额的5.05倍；2019年，中国向韩国出口农产品的贸易额为507 565.575万美元，中国自韩国进口农产品的贸易额为102 884.948万美元，出口额是进口额的4.93倍。5年来，其出口额与进口额之比一直在5倍左右。据此计算结果可知，在2015—2019年中韩农产品双边贸易中，两国农产品双边贸易保持稳定发展。

2015—2019年，中国向韩国出口农产品的贸易额总体态势趋于稳定（图3-4）。在2015—2016年和2017—2018年分别有小额幅度的增加，而在2016—2017年和2018—2019年略有减少。2015年，中国向韩国出口农产品的贸易额为466 973.335万美元；2019年，中国向韩国出口农产品的贸易额为507 565.575万美元，5年间增长了40 592.240万美元，年平均增长率为2.17%。进口方面，2015—2019年，中国自韩国进口农产品的贸易额整体呈平缓增长趋势，分别在2017年和2018年有小幅度的下降，在2019年呈现上升的趋势。2015年中国自韩国进口农产品的贸易额为92 455.087万美元；2019年，中国自韩国进口农产品的贸易额为102 884.948万美元，5年间增长了10 429.861万美元，年平均增长率为2.82%。2015—2019年，在中韩农产品贸易中除HS02（肉及食用杂碎）没有进出口贸易外，其他种类的农产品进出口额都保持稳定的态势。

表 3-4 2015—2019 年中国对韩国分类农产品贸易情况

单位：万美元

编号	2015 年		2016 年		2017 年		2018 年		2019 年	
	出口	进口	出口	进口	出口	进口	出口	进口	出口	进口
HS01	272.694	0.081	449.820	2.020	282.050	18.000	418.751	51.154	494.285	38.716
HS02	0.000	0.000	0.000	0.000	0.000		0.000	0.000	0.000	0.000
HS03	130 509.108	10 856.587	134 662.665	14 057.065	127 737.757	9 761.104	153 660.553	7 757.975	138 779.727	12 877.262
HS04	1 662.466	1 826.218	1 571.226	1 843.313	2 717.615	1 570.618	2 229.790	1 850.555	1 922.374	2 185.810
HS05	4 642.954	748.348	2 516.840	466.107	3 944.340	271.988	4 221.785	478.256	3 037.723	2 099.772
HS06	5 383.936	227.577	5 339.846	203.183	4 904.682	164.937	6 248.851	119.626	7 213.316	88.336
HS07	57 214.191	8.169	62 364.235	16.546	63 680.736	4.974	61 209.572	7.122	53 400.710	37.243
HS08	3 037.638	1 086.673	3 277.132	1 274.909	2 928.160	1 716.061	3 127.994	1 732.096	3 056.269	1 470.995
HS09	3 098.488	180.242	4 091.676	148.679	5 461.917	221.584	6 677.312	213.677	5 570.684	155.526
HS10	13 989.638	0.000	14 756.722	69.541	12 957.696	20.834	13 031.796	7.889	11 890.511	0.255
HS11	3 867.293	154.076	4 032.241	154.528	5 714.587	214.513	5 405.849	233.304	5 329.830	195.652
HS12	32 054.759	3 270.195	29 164.306	2 264.515	29 691.582	5 326.031	30 250.496	3 860.706	35 541.008	7 718.454
HS13	6 682.714	1 310.496	7 604.759	1 095.479	7 836.868	1 607.556	10 370.382	1 565.336	10 467.847	1 348.952
HS14	446.242	1.717	635.824	49.30	662.276	2.457	508.622	3.272	535.561	3.860
HS15	1 893.759	646.979	3 244.789	553.013	3 739.903	418.240	3 299.427	681.766	3 665.605	697.503
HS16	26 827.368	2 499.398	30 594.780	2 935.575	32 568.643	2 737.109	39 647.480	3 628.688	38 263.628	5 085.937
HS17	5 930.493	11 351.306	8 450.249	12 087.122	9 416.221	11 357.961	8 303.641	10 172.761	8 872.838	9 417.675

(续表)

编号	2015年 出口	2015年 进口	2016年 出口	2016年 进口	2017年 出口	2017年 进口	2018年 出口	2018年 进口	2019年 出口	2019年 进口
HS18	3 477.974	635.668	5 675.765	971.615	4 831.123	670.923	4 012.292	724.790	3 905.891	607.251
HS19	1 793.396	1 655.590	1 517.784	1 379.978	1 242.172	1 104.366	966.560	828.754	690.948	553.142
HS20	61 362.052	9 097.867	76 613.666	11 808.645	83 640.101	9 916.310	87 039.743	10 915.999	76 480.255	10 881.092
HS21	17 491.860	9 209.090	16 156.354	12 730.714	16 705.429	8 691.145	17 923.548	12 027.010	17 762.159	10 698.669
HS22	5 643.547	11 616.168	9 832.478	12 611.925	10 637.601	12 178.764	11 881.892	18 356.865	12 899.187	21 126.554
HS23	26 458.277	558.634	24 379.854	663.187	24 511.312	960.472	30 404.080	700.828	30 627.687	609.523
HS24	1 624.031	1 760.452	1 533.330	1 978.280	1 067.389	2 957.549	2 354.224	4 312.735	2 003.710	5 303.025
HS51	17 007.848	4 093.229	13 759.138	3 169.203	10 679.214	2 538.814	12 672.074	2 997.184	11 507.594	2 628.958
HS52	34 600.610	19 660.331	33 965.957	13 573.629	26 186.957	12 481.505	27 543.748	9 275.834	23 646.229	7 054.787

数据来源：海关总署。

表 3-5　2015—2019 年中国对韩国农产品进出口贸易额情况　　单位：万美元

项目	2015 年	2016 年	2017 年	2018 年	2019 年
出口额	466 973.335	496 191.434	493 746.333	543 410.462	507 565.575
进口额	92 455.087	96 063.702	86 913.814	92 504.181	102 884.948
贸易额	559 428.422	592 255.136	580 660.147	635 914.643	610 450.523
贸易顺差	374 518.248	400 127.732	406 832.519	450 906.281	404 680.627

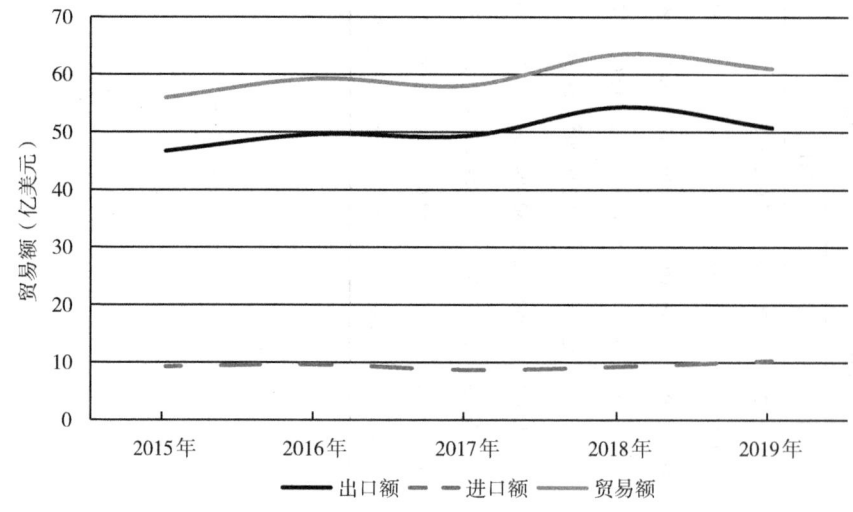

图 3-4　2015—2019 年中韩农产品进出口贸易额

2015—2019 年，中国对韩国的农产品贸易一直是顺差，顺差差额呈倒 "V" 字形变化。2015 年，中国对韩国的农产品双边贸易顺差达 374 518.248 万美元；2019 年，中国对韩国的农产品双边贸易顺差达 404 680.627 万美元；2018 年，中国对韩国的农产品贸易顺差额达到最大，为 450 906.281 万美元。由表 3-4 可知，编号 HS03（鱼及其他水生无脊椎动物）、HS07（食用蔬菜、根及块茎）和 HS20（蔬菜水果等植物或其他部分的制品）这 3 类农产品中国对韩国的出口额超过 50 000 万美元，其他种类的农产品出口额皆低于此 3 类农产品的出口额；编号 HS07（食用蔬菜、根及块茎）类农产品的贸易顺差额相比于其他类农产品最高，2017 年达到 63 675.762 万美元；除编号 HS17（糖及糖食）、HS22（饮料、酒及醋）和 HS24（烟草、烟草及代用品的制品）这 3 类农产品中国是贸易逆差之外，在其他 23 类农产品中，2015—2019 年中国一直是贸易顺差。顺差的主要原因在于：第一，与中国相比，韩国国土面积小，主要农产品为大白菜、萝卜、洋葱、大麦、高粱、大豆、马铃薯、水稻等，各类农产品的种植面积受到限制，为应对国内市场需求，韩国须从邻国进口农产品以保障民生安全；第二，韩国致力于农产品的高附加值创造，进口初级农产品，转变为价值高的农产品制成品用于出口；第三，中国是一个拥有14亿民众的发展中经济体，随着科技在农业中的转化应用，农产品产量不断提高，多数农产品已经实现自给自足的目标，剩余农产品需要出口消化。

表 3-6 2015—2019 年中国对韩国农产品进出口贸易增速

年份	贸易额（万美元）	贸易增速（%）	出口额（万美元）	出口增速（%）	进口额（万美元）	进口增速（%）
2015	559 428.422	—	466 973.335	—	92 455.087	—
2016	592 255.136	5.87	496 191.434	6.23	96 063.702	3.90
2017	580 660.147	-1.96	493 746.333	-0.49	86 913.814	-9.52
2018	635 914.643	9.52	543 410.462	10.06	92 504.181	6.43
2019	610 450.523	-4.00	507 565.575	-6.60	102 884.948	11.22

据表3-6可知，从增长速度上来看，2015—2019年，中韩农产品总贸易额与中国出口额增长趋势相同，2017年和2019年都为负增长，但进口额自2015年起，整体上呈现正增长的态势，整体表现为正"V"字形变化趋势，仅2017年为负增长，为-9.52%。从贸易额的增速上来看，2018年增速最快，达9.52%；2019年贸易额下降幅度最大，降幅为4.00%；中韩农产品贸易额有增有减，但上升和下降的幅度都较小，并逐渐趋于稳定。从中国出口额的增速上来看，2018年的增速最快，为10.06%；2019年的出口额降幅最大，达6.60%。基于中韩双边农产品贸易政策日趋成熟以及韩国对邻国的农产品市场需求，2015—2019年，中国向韩国出口的农产品贸易额呈较为平稳增长趋势。反观进口额的增速，在2019年出现最高峰，增速达两位数之多，为11.22%。中国自韩国进口的农产品中编号HS03（鱼及其他水生无脊椎动物）、HS17（糖及糖食）、HS20（蔬菜、水果等植物或其他部分的制品）、HS21（杂项食物）、HS22（饮料、酒及醋）、HS52（棉花、生棉、废品棉、精梳棉）这6类农产品的份额较大，这充分说明了中国对于韩国的鱼类以及农产品的制成品或衍生产品有着巨大的市场潜力需求。中国作为韩国的最大

贸易伙伴、最大市场出口市场和进口来源地，双边继续深化农产品贸易合作，完善双边贸易体系，对中韩的贸易发展具有深远的意义，也是中韩持续推动双边贸易经济发展的需求。

三、中泰农产品贸易总量分析

1975年，中泰正式建立外交关系，交流日趋频繁，先后在经济贸易、民航海运、科技合作以及外贸投资等领域签订协定。不仅如此，中泰在国际事务的处理中也始终保持着良好的合作，这对两国经济的合作、亚太地区的稳定发展以及世界的和平都作出了重要贡献。

在"一带一路"的大背景下，中泰双边农产品进出口贸易方面的合作日益加深。现今，中国是泰国最大的贸易合作伙伴和最大的出口市场。2019年，中泰两国分类农产品双边贸易额达1 077 140.241万美元，并有着逐年增加的发展趋势。泰方领导人表示，泰方正在积极探索走符合本国国情的发展道路，对中国提出的"丝路基金"表示支持，且迫切希望与中国开展多方面的交流互鉴活动，以深化中泰贸易合作；也希望借助中国提出的丝绸之路经济带和21世纪海上丝绸之路的建设，推进中泰农业科技方面的合作以及APEC地区经贸的互联互通。

表3-7和表3-8显示，2015—2019年，中泰双边农产品贸易总量保持稳定增长的态势，呈现出缓和的"U"字形走势（图3-5）。由最初2015年的894 388.189万美元增长至2019年的1 077 140.241万美元，5年间增长了182 752.052万美元，年平均增长率为5.10%。2015年，中国向泰国出口农产品的贸易额为400 275.407万美元，中国自泰国进口农产品的贸易额为494 112.782万美元，出口额比进口额少93 837.375万美元；2019年，中国向泰国出口农产品的贸易额为393 063.584万美元，中国自泰国进口农产品的贸易额为684 076.657万美元，出口额比进口额少291 013.073万美元。中国向泰国出口农产品的双边贸易始终未扭转逆差且贸易逆差额不断扩大。

2015—2019年，中国出口泰国农产品总额呈现出先缓慢减少后略微增加的趋势。由表3-7数据可知，编号HS03（鱼及其他水生无脊椎动物）、HS07（食用蔬菜、根及块茎）和HS08（食用水果及坚果、甜瓜等）这3类农产品是中国向泰国出口的主要农产品，出口额均超过50 000万美元，其中食用水

第三章 中国与APEC经济体双边农产品贸易分析

表3-7 2015—2019年中国对泰国分类农产品贸易情况

单位：万美元

编号	2015年 出口	2015年 进口	2016年 出口	2016年 进口	2017年 出口	2017年 进口	2018年 出口	2018年 进口	2019年 出口	2019年 进口
HS01	13.982	53.608	13.811	7.263	23.846	6.551	17.294	18.770	11.841	182.937
HS02	12.163	3.440	7.952	0.968	0.000	1.196	0.000	5 283.225	33.454	21 328.714
HS03	99 159.679	16 698.699	90 911.451	16 254.405	64 231.217	17 209.621	60 877.091	26 880.207	66 689.868	42 732.133
HS04	2 350.168	364.233	1 940.724	347.193	1 690.918	251.709	1 654.976	700.025	2 024.804	437.405
HS05	15 178.470	207.424	21 816.444	123.463	17 979.144	903.593	19 685.37	1 707.157	13 113.216	1 826.388
HS06	902.421	1 416.237	1 217.052	1 463.386	935.850	1 706.976	1 274.059	1 713.327	1 443.373	1 547.788
HS07	54 155.124	170 605.268	44 711.727	114 220.329	48 225.705	120 172.536	66 525.897	100 063.452	71 551.426	57 210.237
HS08	111 405.003	116 925.987	95 366.721	115 325.689	80 265.175	119 789.897	67 555.095	202 070.980	70 399.09	331 829.733
HS09	4 452.447	81.335	8 051.553	51.505	7 697.174	103.937	8 013.197	91.505	10 009.504	177.379
HS10	34.808	47 488.995	13.691	46 222.606	14.715	54 437.348	100.102	50 837.113	135.738	34 572.929
HS11	5 432.578	61 637.693	6 303.953	56 546.456	6 791.138	56 409.808	6 918.998	79 516.477	8 612.117	74 042.084
HS12	6 315.186	2 943.140	6 191.231	3 181.898	6 528.835	3 513.835	8 775.409	3 593.926	7 957.407	3 356.024
HS13	2 886.288	179.771	2 584.202	178.728	3 159.144	86.411	3 157.442	73.182	2 770.142	130.524
HS14	70.925	40.607	97.258	61.732	145.983	22.239	176.184	33.080	142.460	52.130
HS15	996.508	1 989.680	1 006.997	1 546.822	1 253.342	2 714.801	1 572.431	3 279.532	1 497.064	3 794.096
HS16	16 759.824	2 803.396	16 112.583	3 469.524	15 667.528	3 792.905	24 898.915	4 873.229	32 239.579	5 343.984
HS17	6 485.065	25 108.024	5 423.164	11 355.275	6 123.787	17 223.727	8 158.526	14 697.584	9 922.218	31 944.045

(续表)

编号	2015年 出口	2015年 进口	2016年 出口	2016年 进口	2017年 出口	2017年 进口	2018年 出口	2018年 进口	2019年 出口	2019年 进口
HS18	1 634.286	191.951	1 622.329	126.199	1 333.553	116.390	1 392.082	55.748	1 358.796	69.741
HS19	3 422.313	3 344.490	3 825.780	4 213.267	4 096.541	5 303.894	4 448.246	5 796.149	5 401.877	6 497.150
HS20	22 008.604	6 692.206	22 704.842	9 713.472	23 925.089	11 791.951	22 793.35	12 585.319	25 646.313	14 122.332
HS21	11 572.926	10 390.003	10 007.366	13 162.107	10 549.810	16 726.557	13 761.934	21 204.542	28 497.463	26 685.016
HS22	1 011.992	2 668.976	1 080.764	3 524.259	1 194.640	7 788.259	1 534.208	7 576.600	1 822.937	7 458.068
HS23	3 749.492	12 946.352	5 695.657	12 818.778	4 214.758	9 950.359	4 770.985	13 576.726	4 174.388	13 012.095
HS24	477.894	13.750	466.713	0.000	619.201	29.730	489.012	0.000	254.977	144.834
HS51	2 850.122	237.137	4 030.737	284.030	4 613.025	377.104	5 518.648	336.861	6 004.334	148.180
HS52	26 937.138	9 080.381	23 119.452	5 543.652	23 895.900	5 155.783	22 464.943	5 468.140	21 349.197	5 430.713

数据来源：海关总署。

表 3-8　2015—2019 年中国对泰国农产品进出口贸易额情况　单位：万美元

项目	2015 年	2016 年	2017 年	2018 年	2019 年
出口额	400 275.407	374 324.153	335 176.016	356 534.392	393 063.584
进口额	494 112.782	419 743.007	455 587.116	562 032.854	684 076.657
贸易额	894 388.189	794 067.160	790 763.132	918 567.246	1 077 140.241
贸易顺差	-93 837.375	-45 418.854	-120 411.100	-205 498.462	-291 013.073

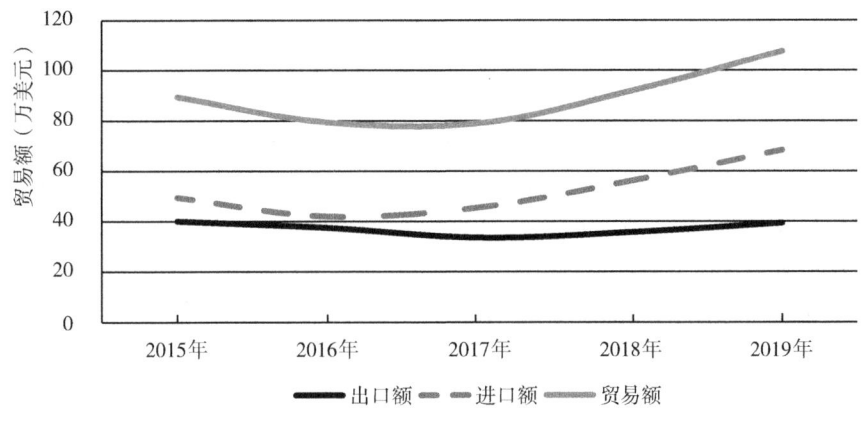

图 3-5　2015—2019 年中泰农产品进出口贸易额

果、坚果和甜瓜等水果果皮类农产品的出口额最大，中国向泰国出口的水果、坚果和甜瓜等类农产品的贸易额 2015 年为 111 405.003 万美元，2019 年为 70 399.090 万美元；2015—2019 年此类农产品的出口额整体呈现逐年减少的趋势，总体上减少了 41 005.913 万美元，此类农产品的出口额年平均增长率为-9.20%，其他 23 类农产品的出口量相比之下更少。编号 HS07（食用蔬菜、根及块茎）、HS08（食用水果及坚果，甜瓜等水果果皮）、HS10（谷物）、HS11（制粉工业产品）这 4 类农产品是中国自泰国进口的主要农产品，进口额均超过 40 000 万美元，其中编号为 HS07、HS08 这两类农产品的进口额超过 110 000 万美元，这两类农产品是中国自泰国进口的最大额农产品。中国自泰国进口的 HS07、HS08 类农产品的贸易额 2015 年为 116 925.987 万美元，2019 年为 331 829.733 万美元，2015—2019 年此类农产品的进口额整体增长较快，5 年间增加了 214 903.746 万美元，增长 1.84 倍，年平均增长率为 45.95%。由此可见，中泰双边贸易合作往来体现在多类农产品中，分别在不同种类的农产品贸易中占据主导地位，这对农产品贸易良性发展以及常态化有积极的作用，可以更进一步实现双边经济多元化交互发展。

2015—2019 年，中国对泰国的农产品贸易额一直是逆差方。2015 年逆差额为 93 837.375 万美元，2019 年逆差额达到最大，为 291 013.073 万美元。编号 HS05（其他动物产品）类农产品是中国向泰国出口的农产品类型中贸易顺差额最大的一类，2015 年为 14 971.046 万美元，到 2019 年为 11 286.829 万美元，2016 年顺差额达到最大，为 21 692.981 万美元。编号 HS07（食用蔬菜、根及块茎）类农产品是中国自泰国进口的农产品类型中贸易逆差额最大的一类，2015 年为 116 450.144 万美元，2018 年为 33 537.555 万美元，2019 年在中泰此类农产品的进出口贸易中中国转为顺差方。除编号 HS04（乳、蛋、蜂蜜及其他使用动物产品）、HS05（其他动物产品）、HS09（咖啡、茶、马黛茶及调味香料）、HS12（油籽、籽仁、工业或药用植物、饲料）、HS13（虫胶、树脂及其他植物汁）、HS14（编结用植物材料，其他植物产品）、HS16（肉、鱼及其他水生无脊椎动物的制品）、HS18（可可及可可制品）、HS20（蔬菜、水果等植物或其他部分的制品）、HS24（烟草、烟草及代用品的制品）等类农产品，中国在中泰农产品双边贸易中处于顺差地位外，其余的 16 类农产品贸易，中国都是逆差方。

分析表 3-9 可知，2015—2019 年，中泰农产品贸易额与中国出口额出现的变化趋势相近，在 2016 年和 2017 年都出现负增长，但表现形式不尽相同。在 2015—2019 年这 5 年间贸易增速表现为一条上升的折线，出口增速则表现为"V"字形，进口额除 2016 年为负增长外，其他年份均为正增长。从双边贸易额的增速上来看，2019 年的增速最快，达 17.26%；2016 年的贸易额增速下降幅度最大，降幅为 11.22%；总体上中泰农产品贸易额不同年份有增有减，但上升幅度较大，下降幅度较小。从中国出口额的增速上来看，2019 年增速最快，达 10.25%；2017 年出口额降幅最大，达 10.46%；在 2015—2019 年，中国向泰国出口农产品的总贸易额不同年份间上下波动，但总体上还是保持着增长趋势。反观中国进口额的增速，在 2018 年出现在最高峰，增速达两位数之多，为 23.36%。在这 5 年间，中国自泰国进口的农产品贸易额仅 2016 年为负增长，相对于 2015 年下降了 15.05%，除 2016 年外，其他年份均为正增长。在中国自泰国进口的农产品中，HS07（食用蔬菜、根及块茎）、HS08（食用水果及坚果，甜瓜等水果果皮）、HS10（谷物）、HS11（杂项食物）、HS17（糖及糖食）这 5

类农产品所占的份额较大,充分说明了中国蔬菜、水果、谷物、糖类等农产品有着巨大的市场需求。作为泰国的最大贸易伙伴和最大农产品出口地,中泰在保持平等互利的基础原则上,继续深化双边贸易体制,加强文化、科技、经济等方面的交流与合作,是两国未来需要努力的方向。

表3-9　2015—2019年中国对泰国农产品进出口贸易增速

年份	贸易额 (万美元)	贸易增速 (%)	出口额 (万美元)	出口增速 (%)	进口额 (万美元)	进口增速 (%)
2015	894 388.189	—	400 275.407	—	494 112.782	—
2016	794 067.160	-11.22	374 324.153	-6.49	419 743.007	-15.05
2017	790 763.132	-0.42	335 176.016	-10.46	455 587.116	8.54
2018	918 567.246	16.16	356 534.392	6.37	562 032.854	23.36
2019	1 077 140.241	17.26	393 063.584	10.25	684 076.657	21.71

分析可知,2015—2019年中泰双边农产品贸易保持稳定发展的态势,在某些类农产品的进出口中保持均势,但从整体上来看,中国在中泰农产品双边贸易中始终处于逆差地位,并且逆差有进一步拉大的趋势。泰国是亚洲唯一的粮食净出口经济体和世界五大农产品出口国之一,中国作为泰国的第二大进口来源经济体,中泰经贸合作发展迅速,双边贸易联系也更加紧密:泰国的蔬菜、水果、谷物和糖类产品在中国畅销;中国的鱼类、食用水果、坚果类产品在泰国有着巨大的市场。

四、中加农产品贸易总量分析

1970年10月,中加正式建交,两国之间的联系日益紧密。2016年,中加两国总理互访,推进了双方在政治、经济、贸易、文化、军事、科技等领域的合作,正式开创了中加两国关系的"黄金时代"。我国的王毅外长对加拿大第一次进行正式访问时特别对加强双边关系及多领域的务实合作交换了意见,将进一步促进和深化双边经济贸易的合作,双方还宣布到2025年实现两国贸易额在2015年的基础上翻一番的突破性目标。在第六届中加科技联委会上,双方共同签署了《中加科技创新行动计划》和《中加政府清洁技术联合声明》等系列重要协议,在联委会的大框架下,双方开展了30多个项目的合作,这不仅有利于双边间的科技创新合作迈上新台阶,也有利于中加双边贸易合作往来提升更高的层次。

据表3-10和表3-11可知,在2015—2019年,中加双边农产品贸易总量

表 3-10 2015—2019 年中国对加拿大分类农产品贸易情况

单位：万美元

编号	2015年 出口	2015年 进口	2016年 出口	2016年 进口	2017年 出口	2017年 进口	2018年 出口	2018年 进口	2019年 出口	2019年 进口
HS01	75.954	171.868	170.299	716.278	218.647	609.470	162.771	1 096.048	181.987	395.420
HS02	0.000	35 671.142	0.000	62 602.813	4.287	54 272.970	0.000	48 534.727	0.203	57 178.057
HS03	26 934.425	54 683.043	33 183.159	60 875.205	33 020.753	74 426.938	30 270.926	100 354.311	32 941.886	112 427.528
HS04	450.780	218.865	443.831	275.615	444.722	242.616	470.410	235.366	624.882	307.963
HS05	1 600.395	2 449.160	1 490.154	2 800.193	1 785.420	3 220.179	2 604.453	3 495.469	2 959.839	2 391.621
HS06	113.837	0.173	167.590	2.036	179.331	4.802	135.070	0.038	258.438	0.022
HS07	8 814.317	29 977.011	12 338.655	32 252.029	14 057.768	39 677.213	10 166.120	59 092.390	10 526.518	56 853.966
HS08	5 731.558	3 689.400	6 081.000	2 335.373	5 857.454	3 701.953	5 694.291	5 320.043	5 197.312	5 280.652
HS09	2 741.688	41.848	2 401.042	38.313	2 694.941	11.897	3 417.390	24.002	3 682.683	25.470
HS10	102.253	61 768.893	129.718	44 185.519	187.830	49 443.647	285.785	86 289.900	175.912	90 451.550
HS11	923.843	78.605	904.675	111.882	663.003	251.108	680.730	179.720	190.518	324.974
HS12	3 976.833	246 744.677	3 646.578	227 764.949	3 750.129	314 206.748	4 149.360	307 369.629	4 042.817	224 847.638
HS13	2 625.439	30.413	2 032.138	10.714	2 621.829	29.362	2 681.046	24.866	2 308.083	78.625
HS14	124.758	21.068	111.660	16.024	119.695	2.145	175.970	41.185	175.061	7.670
HS15	4 118.944	43 940.875	2 570.441	44 707.574	1 860.331	55 343.086	2 027.344	94 910.034	2 440.083	79 609.335
HS16	8 254.965	274.944	9 143.871	447.096	9 471.347	784.858	16 803.622	743.004	16 336.613	664.869
HS17	2 351.512	253.107	2 320.061	351.373	2 520.181	409.212	2 922.389	531.866	3 505.240	581.541

（续表）

编号	2015年 出口	2015年 进口	2016年 出口	2016年 进口	2017年 出口	2017年 进口	2018年 出口	2018年 进口	2019年 出口	2019年 进口
HS18	468.150	571.611	413.374	181.542	421.836	119.063	388.725	148.408	492.533	151.858
HS19	5 270.932	365.877	5 528.120	336.585	6 058.927	201.893	6 281.338	519.639	6 903.066	394.385
HS20	13 765.229	2 364.244	13 520.387	2 454.630	15 321.386	953.347	15 377.620	1 636.950	12 898.690	3 677.839
HS21	3 059.085	3 265.009	3 428.609	4 593.785	3 871.524	4 684.735	5 805.461	7 303.773	6 047.312	8 657.405
HS22	793.377	2 046.906	713.185	1 812.714	1 033.888	2 354.928	1 516.682	2 083.297	1 342.826	1 994.565
HS23	2 871.170	753.491	2 942.490	15 407.540	3 680.748	30 973.147	3 566.750	48 956.341	3 754.230	59 492.132
HS24	1 780.342	2 590.830	2 219.770	2 230.648	1 605.660	2 230.628	952.801	2 342.221	880.734	0.000
HS51	1 938.196	79.957	2 137.998	51.117	1 911.582	95.986	3 128.003	223.058	2 583.538	87.070
HS52	1 493.668	5.105	1 250.338	6.730	1 492.287	31.592	1 728.177	2.132	1 835.016	1.508

数据来源：海关总署。

保持稳定增长的态势，5年时间由2015年的592 439.769万美元增长至2019年的828 169.681万美元，增长额为235 729.912万美元，年平均增长率为9.95%。在双边农产品贸易中，主要以中国自加拿大进口为主。2015年，中国向加拿大出口农产品的贸易额为100 381.648万美元，中国自加拿大进口农产品的贸易额为492 058.121万美元，进口额是出口额的4.90倍；2019年，中国向加拿大出口农产品的贸易额为122 286.019万美元，中国自加拿大进口农产品的贸易额为828 169.681万美元，进口额是出口额的6.77倍。5年间，进口额与出口额之比稳定在4.50~6.80倍。由此可见，在中加农产品双边贸易中，中国是加拿大农产品海外出口重要的目的地之一，中国也一直处于农产品贸易逆差方。

表3-11 2015—2019年中国对加拿大农产品进出口贸易额情况　　单位：万美元

项目	2015年	2016年	2017年	2018年	2019年
出口额	100 381.648	109 289.141	114 855.502	121 393.232	122 286.019
进口额	492 058.121	506 568.277	638 283.522	771 458.415	705 883.662
贸易额	592 439.769	615 857.418	753 139.024	892 851.647	828 169.681
贸易顺差	-391 676.473	-397 279.136	-523 428.02	-650 065.183	-583 597.643

2015—2019年，中国对加拿大的农产品进口总体呈现出稳定增长状态。2015—2018年保持平稳增长，2018年达到增长小高峰，相比于2018年，2019年有所减少。中国自加拿大进口农产品的贸易额2015年为492 058.121万美元，2019年为705 883.662万美元，5年间增长213 825.541万美元，年平均增长率为10.86%。同期中国向加拿大出口农产品的贸易额整体呈平缓增长趋势，2015年中国向加拿大出口农产品的贸易额为100 381.648万美元、2019年为122 286.019万美元，5年间增长21 904.371万美元，年均增长率为5.46%。由此可知，中加农产品贸易关系日益密切，2016年后，中国自加拿大进口农产品的贸易额迅速增长，中国向加拿大出口农产品的贸易额上下波动较小，说明双边贸易政策卓有成效，多领域合作继续深化（图3-6）。

中加与中泰类似，2015—2019年，中国对加拿大的农产品贸易一直处于逆差方，而且差额有逐渐扩大的趋势，中国对加拿大的农产品双边贸易逆差在2015年达391 676.473万美元，2019年达583 597.643万美元；2018年，中国对加拿大的双边贸易逆差额达到最大，为650 065.183万美元。由表3-10

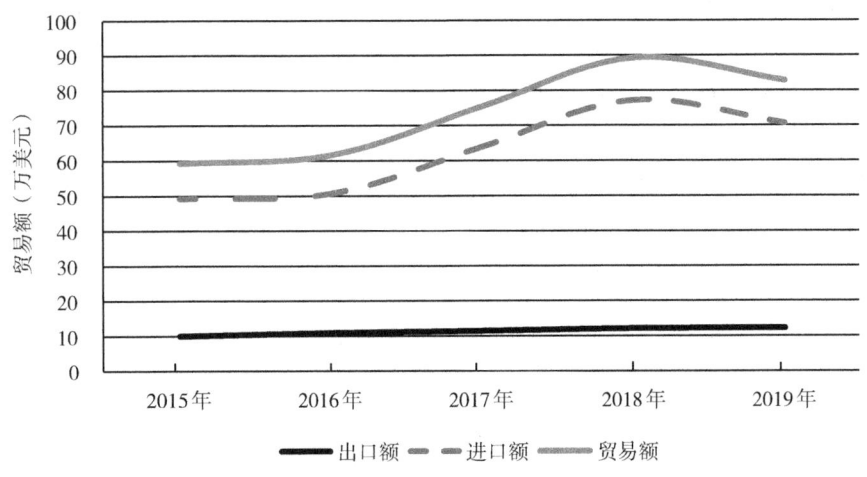

图 3-6　2015—2019 年中加农产品进出口贸易额

可知，编号 HS16（肉、鱼及其他水生无脊椎动物的制品）类农产品是中国向加拿大出口农产品中贸易顺差额最大的一类，2015 年为 7 980.021 万美元，2019 年为 15 671.744 万美元，2018 年达到最大，为 16 060.618 万美元。编号 HS02（肉及食用杂碎）类农产品是中国自加拿大进口的农产品中贸易逆差额最大的一类，逆差额 2015 年为 35 671.142 万美元，2019 年为 57 177.854 万美元，在 2016 年达到最大，为 62 602.813 万美元，在 2015 年、2016 年、2018 年，中国向加拿大出口此类农产品的贸易额为零。在 2015—2019 年，中加双边农产品贸易中，中国只有为数不多的几类农产品处于顺差地位，且顺差额较小；动物类、蔬菜类、谷物类农产品我国均处于逆差方，而且逆差额有进一步扩大的趋势，且在短期内不会转变。

由表 3-12 可知，2015—2019 年中加农产品贸易额与进口额增长情况相似，2015—2018 年二者都快速增长，后两年的增速甚至突破了两位数；中国出口额整体上呈正增长的态势，且增长速度逐年下降。从双边贸易额的增速来看，2017 年的增速最快，达 22.29%；2019 年的贸易额下降幅度最大，降幅为 7.24%，整体上中加农产品贸易额有增有减，但是上升幅度较大，下降幅度比较小。从中国出口额的增速上来看，2016 年的增速最快，达到 8.87%；2019 年的出口额增速最小，为 0.73%。中国进口额的增速在 2017 年出现最高峰，增速达两位数之多，为 26.00%。5 年间，中国自加拿大进口农产品的贸易额仅 2019 年为负增长，相对于 2018 年下降 8.50%，其他年份均为正增长。

在中国自加拿大进口的农产品种类中，编号为 HS02（肉及食用杂碎）、HS03（鱼及其他水生无脊椎动物）、HS07（食用蔬菜、根及块茎）、HS10（谷物）、HS112（油籽、籽仁、工业或药用植物、饲料）、HS15（动植物油、脂、蜡，精制食用油蜡）这6类农产品份额较大，这充分说明了中国对活体动物肉类、蔬菜类、谷物类、油脂类等农产品有着巨大的市场需求。中加双边农产品贸易保持稳定发展的态势，从整体上来看，中国在中加农产品双边贸易中始终处于逆差方，并且逆差差距有着进一步拉大的态势。

表3-12 2015—2019年中国对加拿大农产品进出口贸易增速

年份	贸易额（万美元）	贸易增速（%）	出口额（万美元）	出口增速（%）	进口额（万美元）	进口增速（%）
2015	592 439.769	—	100 381.648	—	492 058.121	—
2016	615 857.418	3.95	109 289.141	8.87	506 568.277	2.95
2017	753 139.024	22.29	114 855.502	5.09	638 283.522	26.00
2018	892 851.647	18.55	121 393.232	5.69	771 458.415	20.86
2019	828 169.681	-7.24	122 286.019	0.73	705 883.662	-8.50

第二节　中国与APEC经济体双边农产品贸易分类细化分析

上节分析了2015—2019年中日、中韩、中泰、中加农产品进出口贸易额的总体情况，本节通过整理中国与日本、韩国、泰国、加拿大这4个经济体在排名前5位的农产品进出口贸易额相关数据，对中日、中韩、中泰、中加农产品双边贸易特征进行详细分析。

一、中日农产品贸易特征分析

由图3-7可知，2015—2019年中国向日本出口的五大类农产品中出口额最高的是饮食及烟草类产品，2015年为216 147.749万美元，2019年为233 921.418万美元，总增长量为17 773.669万美元，年平均增长率为2.06%，整体增长趋势较为平缓；中国向日本出口的动物类产品和植物类产品总量较为接近；出口额第4位为动物毛及棉花产品且贸易额不多，总体上较为稳定；出口额第 5 位的农产品是油、脂、蜡类产品，总贸易额保持在 3 000 万美元左右。

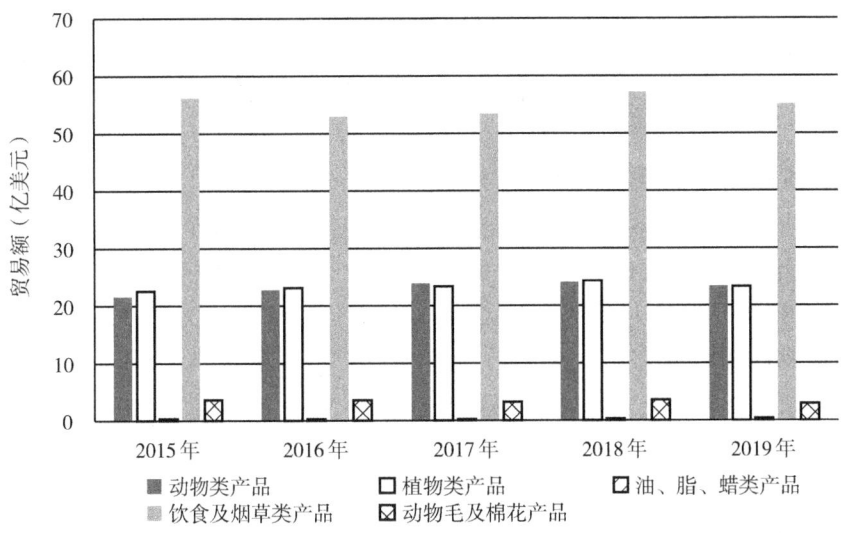

图 3-7　2015—2019 年中国向日本出口的五大类农产品

进一步细分，由表 3-13 可知，2019 年中国向日本出口量最大的农产品是编号 HS16 类（肉、鱼及其他水生无脊椎动物的制品），此类农产品占 2019 年中国向日本出口农产品贸易额的 27.10%，后 5 位依次为 HS03 类、HS20 类、HS07 类、HS23 类和 HS12 类农产品，通过对表中数据的分析可知，编号 HS16、HS03、HS20、HS07 这 4 类农产品为 2019 年中国向日本出口的最主要农产品，占比高达 74.63%。在中国向日本出口的主要农产品中，初加工或未

表 3-13　2019 年中国向日本出口农产品贸易额排名前 6 位的分类农产品

编号	此产品出口额占当年对日农产品出口总额的比例（%）
HS16	27.10
HS03	19.42
HS20	15.97
HS07	12.14
HS23	4.14
HS12	3.24

加工的动物类、蔬菜类、食物类农产品的出口数量较大,这些农产品多数属于原生态农产品。

图3-8显示,2015—2019年中国自日本进口的五大分类农产品中进口额最高的是饮食及烟草类产品,2015年为24 746.730万美元,2019年为73 227.508万美元,5年增长了48 480.778万美元,年平均增长率为48.98%,增长速度较快;进口贸易额第2位的是动物毛及棉花产品,2015年为38 840.931万美元,2019年为27 993.315万美元,2019年进口额比2015年进口额少10 847.616万美元,年平均下降6.98个百分点,进口额总体上为下降趋势;进口额第3位的为动物类产品,2015—2019年,由2015年的25 875.951万美元增加至2019年的35 446.482万美元,2018年和2019年突破30 000万美元大关;而植物类产品的贸易额波动较小,整体上呈缓慢增加的趋势;油、脂、蜡类的进口额一直保持在600万~800万美元。

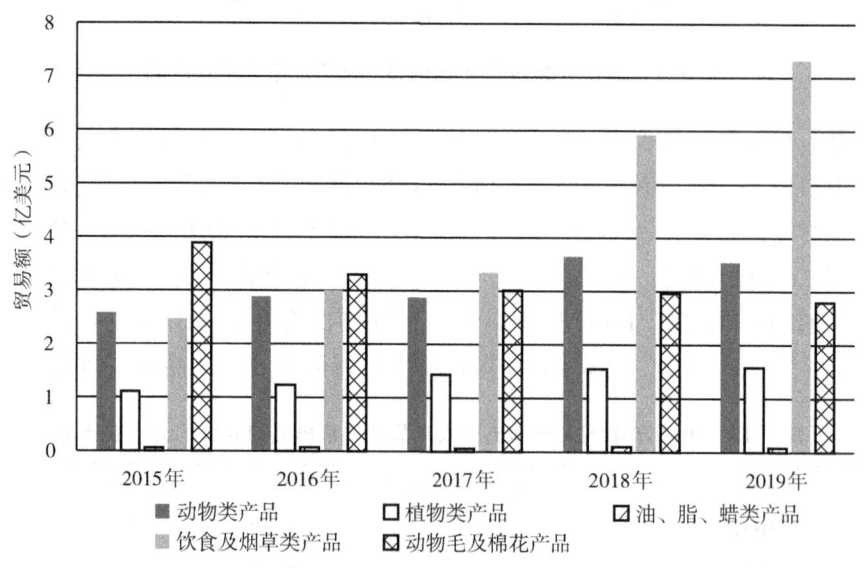

图3-8　2015—2019年中国自日本进口五大类农产品情况

据表3-14可知,2019年中国自日本进口量最大的农产品是编号HS03类(鱼及其他水生无脊椎动物),此类农产品占2019年中国自日本进口农产品总贸易额的21.50%,后5位依次为HS21、HS52、HS22、HS19和HS51,分别占2019年总额的17.25%、10.11%、10.07%、8.45%和8.15%。通过分析表中数据可知，HS03、HS21、HS52、HS22 这 4 类农产品为 2019 年中国自日本进口的主要农产品，占比高达 75.54%。分析表中数据可知，中国自日本进口的农产品主要集中在动物类、杂项食物类、谷物淀粉类和动物毛类，这些农产品都属于加工型产品，中国农产品深加工不如日本发达，满足不了国内市场需求，而日本海岸线狭长，渔业资源丰富，农产品深加工业发达，可以满足国内市场需求。

表 3-14　2019 年中国自日本进口农产品贸易额排名前 6 位的分类农产品

编号	此产品出口额占当年对日农产品出口总额的比例（%）
HS03	21.50
HS21	17.25
HS52	10.11
HS22	10.07
HS19	8.45
HS51	8.15

二、中韩农产品贸易特征分析

由图 3-9 可知，2015—2019 年中国向韩国出口的五大类农产品中，出口贸易额最高的是饮食及烟草类产品，2015 年为 150 608.998 万美元，2019 年为 191 506.303 万美元，5 年间增长了 40 897.305 万美元，年平均增长率为 6.79%，整体上表现为先稳定增长后少量下降的趋势；中国向韩国出口的动物类产品和植物类产品的贸易额较为接近，动物类产品的出口贸易额总体呈"N"字形波动；中国向韩国出口植物类产品的贸易额很稳定，基本保持在 13 亿美元左右。在中国向韩国出口的农产品中，贸易额第 4 位的是动物毛及棉花产品，2015 年此类农产品的出口贸易额为 51 608.458 万美元，2019 年为 35 153.823 万美元，5 年间下降 16 454.635 万美元，年平均下降率为 7.97%，总体上呈下降趋势；出口第 5 位的农产品也是油、脂、蜡类产品，贸易额基本保持在 400 万~700 万美元。中韩在双边农产品贸易中各有优势，从世界范围来看，中韩都属于人多地少，耕地资源相对贫乏的经济体，中韩的经验交流和合作有助于促进双方农产品进出口贸易的发展。

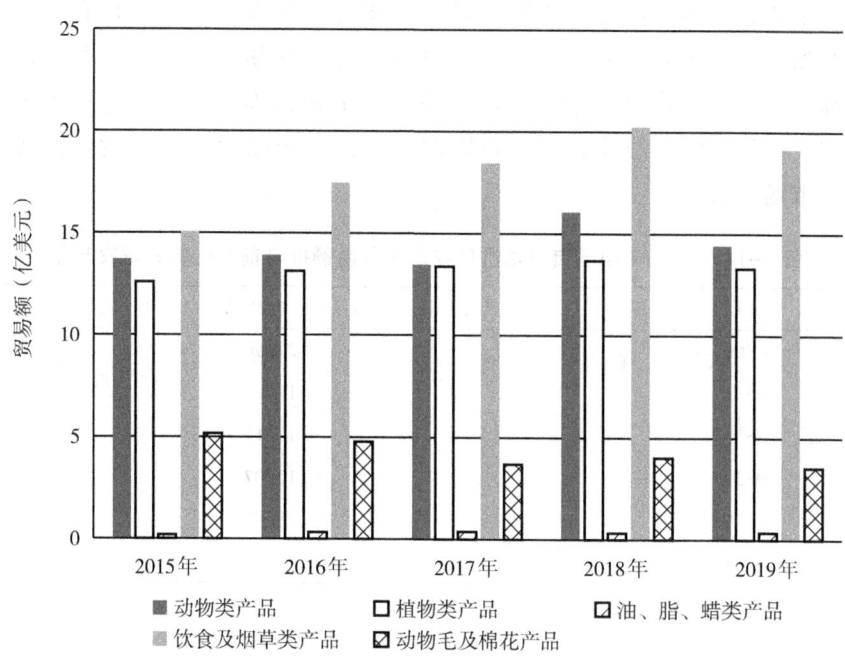

图 3-9 2015—2019 年中国向韩国出口五大类农产品情况

据表 3-15 可知，2019 年中国向韩国出口量最大的农产品是编号 HS03（鱼及其他水生无脊椎动物），此类农产品出口额占当年中国向韩国出口农产品贸易总额的 27.34%，之后依次为 HS20、HS07、HS16、HS12 类和 HS23。分析表 3-15 中的数据可知，HS03（鱼及其他水生无脊椎动物）、HS20（蔬菜、水果等植物或其他部分的制品）、HS07（食用蔬菜、根及块茎）这 3 类农产品为 2019 年中国向韩国出口的主要农产品，占比达 52.94%。

表 3-15 2019 年中国向韩国出口农产品贸易额排名前 6 位的分类农产品

编号	此产品出口额占当年对韩农产品出口总额的比例（%）
HS03	27.34
HS20	15.07
HS07	10.52
HS16	7.54

（续表）

编号	此产品出口额占当年对韩农产品出口总额的比例（%）
HS12	7.01
HS23	6.03

由图 3-10 可知，2015—2019 年中国自韩国进口的五大类农产品中进口额最高的是饮食及烟草类产品，2015 年为 48 384.173 万美元，2019 年为 64 282.868 万美元，5 年间增长了 15 898.695 万美元，年平均增长率为 8.21%，虽然在 2017 年进口额表现出下降态势，但总体上还是呈快速增长趋势；进口额第 2 位的是动物毛及棉花产品，2015 年为 23 753.560 万美元，2019 年为 9 683.745 万美元，5 年间减少了 14 069.815 万美元，年平均下降 14.81 个百分点；进口额第 3 位的为动物类产品，总体上保持在 1 亿~1.7 亿美元；中韩植物类产品双边贸易平稳发展，5 年间无大幅变化；进口额最少的农产品为油、脂、蜡类产品，为 550 万~600 万美元。

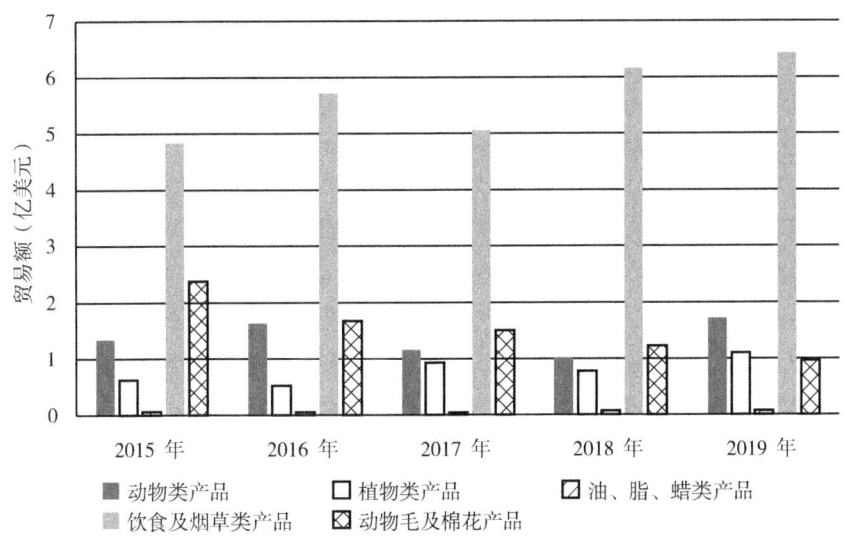

图 3-10 2015—2019 年中国自韩国进口五大类农产品情况

据表 3-16 可知，2019 年中国自韩国进口量最大的农产品是 HS22（饮料、酒及醋），此类农产品占 2019 年中国自韩国进口的农产品贸易额的 20.53%，之后依次为 HS03（鱼及其他水生无脊椎动物）、HS20（蔬菜、水果等植物或其他部分的制品）、HS21（杂项食物）、HS17（糖及糖食）和 HS12（油籽、籽仁，工业或药用植物、饲料）农产品，分别占 2019 年农产品进口总额的 12.52%、10.58%、10.40%、9.15% 和 7.50%。通过分析表中数据可知，2019 年中国自韩国进口的主要农产品集中在 HS22、HS03、HS20、HS21 这 4 类上，占比超过中韩双边农产品贸易总额半数，这些农产品大多属于二次加工型产品，韩国在二次农产品加工较强，双边优势互补，使得农产品贸易合作前景更加广阔。

表 3-16   2019 年中国自韩国进口农产品贸易额排名前 6 位的分类农产品

编号	此产品出口额占当年对韩农产品出口总额的比例（%）
HS22	20.53
HS03	12.52
HS20	10.58
HS21	10.40
HS17	9.15
HS12	7.50

三、中泰农产品贸易特征分析

由图 3-11 可知，2015—2019 年中国向泰国出口的五大类农产品中出口额最高的是植物类产品，2015 年为 185 654.781 万美元，2019 年为 173 021.258 1 万美元，呈现"V"字形；贸易额第 2 位的是动物类产品，2015 年为 116 714.462 万美元，其余年份均低于此水平；贸易额排名第 3 的农产品是饮食及烟草类产品，2015 出口额为 67 122.397 万美元，2019 年为 109 318.548 万美元，5 年间增长 42 196.151 万美元，年平均增长率为 15.72%；出口额排名第 4 位的是动物毛及棉花产品，出口额趋于稳定；中国向泰国出口最少的是油、脂、蜡类产品，2015—2019 年保持在 1 000 万美元以内。

据表 3-17 数据可知，2019 年中国向泰国出口量较大的两类农产品分别是 HS07（食用蔬菜、根及块茎）和 HS08（食用水果及坚果，甜瓜等水果果

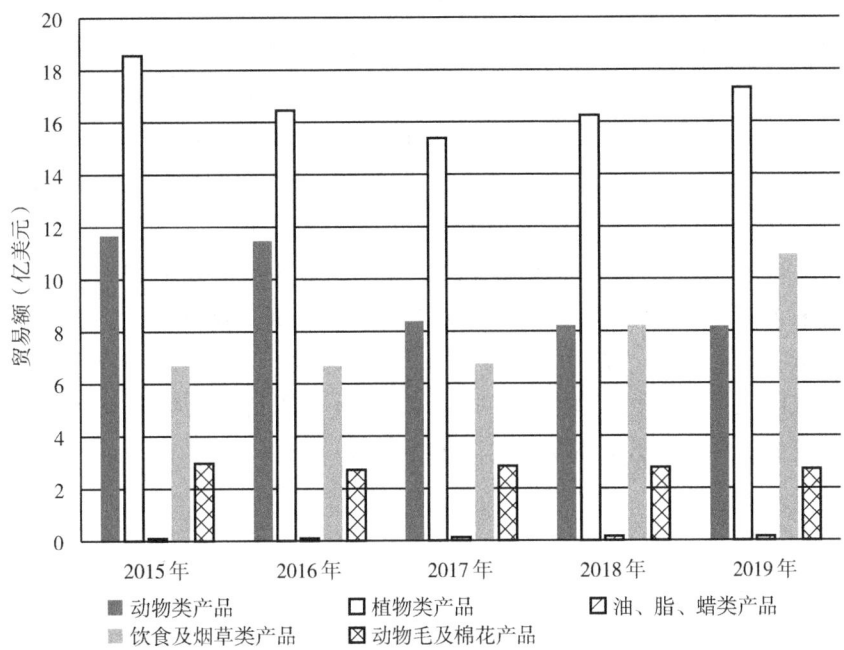

图 3-11 2015—2019 年中国向泰国出口五大类农产品情况

皮），这两类农产品分别占当年中国向泰国出口农产品总额的 18.20% 和 17.91%；之后依次是 HS03（鱼及其他水生无脊椎动物）、HS16（肉、鱼及其他水生无脊椎动物的制品）、HS21（杂项食物）和 HS20（蔬菜、水果等植物或其他部分的制品）等农产品。通过分析表 3-17 中数据可知，HS07、HS08、HS03 这 3 类农产品为 2019 年中国向泰国出口的主要农产品，占比高达 53.08%。2015—2019 年，中国向泰国出口的农产品主要集中在鱼、肉类制品和食用蔬菜、水果类。

表 3-17 2019 年中国向泰国出口农产品贸易额排名前 6 位的分类农产品

编号	此产品出口额占当年对韩农产品出口总额的比例（%）
HS07	18.20
HS08	17.91
HS03	16.97
HS16	8.20
HS21	7.25
HS20	6.52

图 3-12 显示，2015—2019 年中国自泰国进口的五大类农产品中，进口额最高的是植物类产品，2015 年为 401 319.033 万美元，2019 年为 502 918.827 9 万美元，5 年间增长 101 599.795 万美元，年平均增长率为 6.33%，2016 年进口额虽然有所下降，但 5 年间中国自泰国进口的植物类产品进口额还是呈增长趋势；进口额第 2 位的是饮食及烟草类产品，2015 年进口额为 64 159.148 万美元，2019 年更是突破 10 亿美元大关，高达 105 277.264 万美元，5 年间缓慢增长；进口额第 3 位的是动物类产品，2015 年进口额为 17 327.404 万美元，2019 年进口额为 66 507.576 万美元，2015—2019 年增加了 49 180.172 万美元，年平均增长率为 70.96%，中国此类农产品的需求量巨大；中国自泰国进口的油、脂、蜡类产品和动物毛及棉花产品的贸易额较低，5 年间变化幅度不大（表 3-18）。

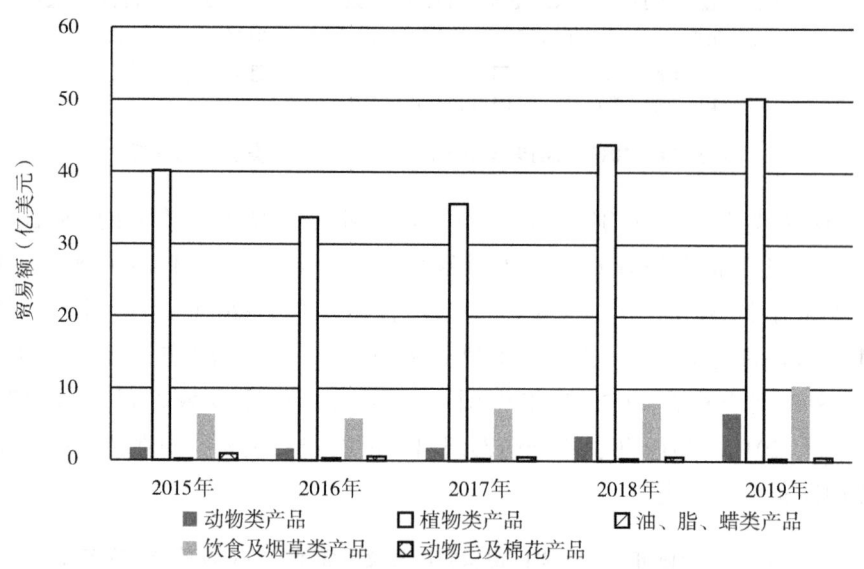

图 3-12　2015—2019 年中国自泰国进口五大类农产品情况

表 3-18　2019 年中国自泰国进口农产品贸易额排名前 6 位的分类农产品

编号	此产品出口额占当年对泰农产品出口总额的比例（%）
HS08	48.51
HS11	10.82

(续表)

编号	此产品出口额占当年对泰农产品出口总额的比例（%）
HS07	8.36
HS03	6.25
HS10	5.05
HS17	4.67

四、中加农产品贸易特征分析

分析图 3-13 可知，2015—2019 年中国向加拿大出口的五大类农产品中出口额最高的是饮食及烟草类产品，2015 年为 38 614.762 万美元，2019 年与 2018 年相比略有下降，为 52 161.244 万美元；2015—2019 年，中国向加拿大出口饮食及烟草类农产品的贸易额总量增加 13 546.482 万美元，年平均增长率高达 98.68%，增长较为明显；中国向加拿大出口农产品贸易额排在第 2 位的是动物类产品，2019 年出口贸易额达到最高峰，为 36 708.797

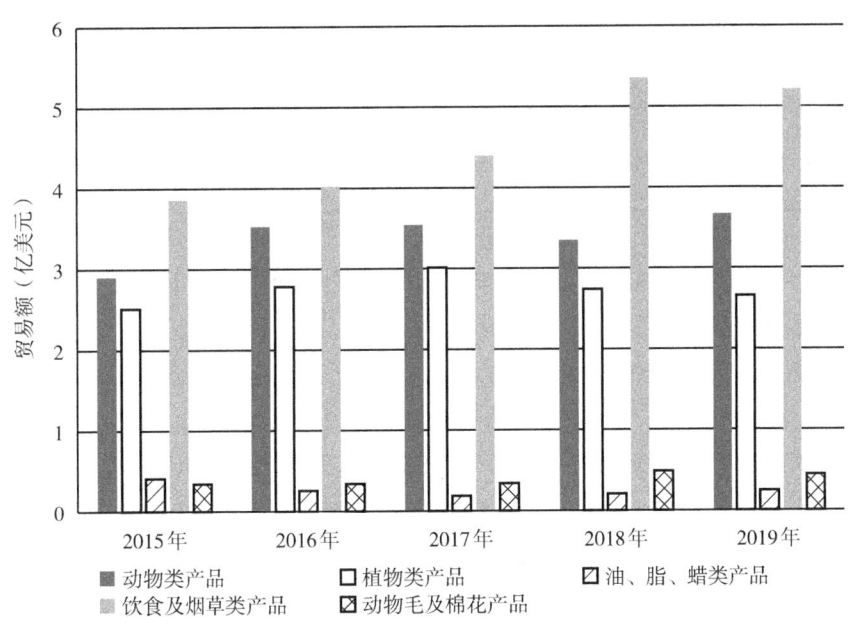

图 3-13　2015—2019 年中国向加拿大出口五大类农产品情况

万美元，其余年份均低于此水平；第 3 位是植物类产品，2015 年为 25 154.526 万美元，2019 年为 26 557.342 千美元，5 年间整体变化幅度不大，呈先增后减趋势；第 4 位是动物毛及棉花产品，2015—2019 年间趋于稳定；出口最少的农产品是油、脂、蜡类，2015—2019 年其出口额一直维持在 2 000 万~4 000 万美元。

据表 3-19 可知，2019 年中国向加拿大出口量最大的是编号 HS03 类（鱼及其他水生无脊椎动物）农产品，占 2019 年中国向加拿大出口农产品总贸易额的 26.94%。之后依次为 HS16（肉、鱼及其他水生无脊椎动物的制品）、HS20（蔬菜、水果等植物或其他部分的制品）、H071（食用蔬菜、根及块茎）、HS19（谷物、淀粉等或乳制品）和 HS21（杂项食物）农产品，其中编号为 HS03、HS16、HS20、HS07 这 4 类农产品占 2019 年中国向加拿大出口农产品总贸易额的 59.45%。

表 3-19　2019 年中国向加拿大出口农产品贸易额排名前 6 位的分类农产品

编号	此产品出口额占当年对加农产品出口总额的比例（%）
HS03	26.94
HS16	13.36
HS20	10.55
HS07	8.61
HS19	5.65
HS21	4.95

图 3-14 显示，2015—2019 年，在中国自加拿大进口的五大类农产品中，植物类产品进口额明显高于其他种类的农产品，5 年间进口额总量有增有减，最低为 2016 年的 306 716.839 万美元，最高为 2018 年的 458 341.773 万美元；第 2 位是动物类产品，2015 年为 93 194.078 万美元，2019 年突破 17 亿美元大关，达 172 700.589 万美元，5 年来进口额总体上呈明显上升趋势；进口额第 3 位是油、脂、蜡类产品，2015—2019 年，总体上呈波动式上升趋势；再次是饮食及烟草类产品，2015 年为 12 486.019 万美元，2019 为 75 614.594 万美元，2015—2019 年增加 63 128.575 万美元，年平均增长率高达 126.40%，上升较快；进口最少的是动物毛及棉花产品，5 年间进口额无明显变化。

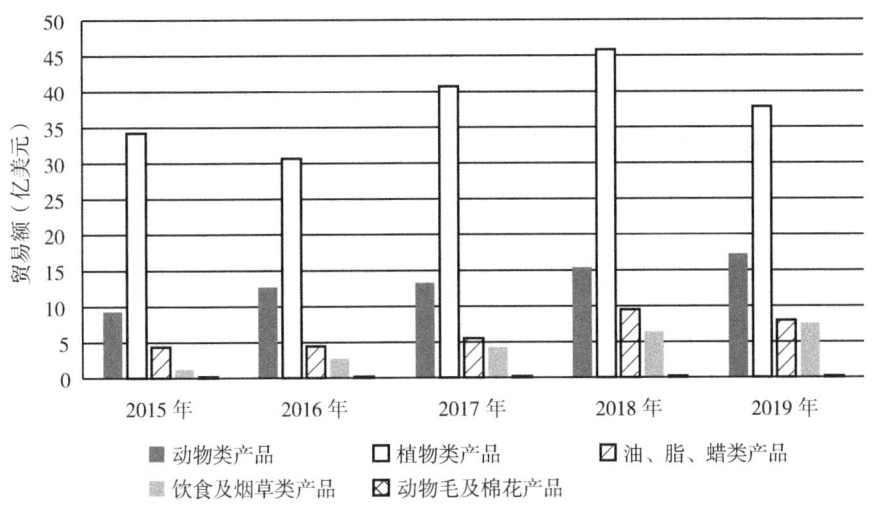

图 3-14 2015—2019 年中国自加拿大进口五大类农产品情况

由表 3-20 可知，2019 年中国自加拿大进口量最大的农产品编号为 HS12（油籽、籽仁，工业或药用植物、饲料），此类农产品占 2019 年中国自加拿大进口农产品贸易总额的 31.85%，之后依次为 HS03（鱼及其他水生无脊椎动物）、HS10（谷物）、HS15（动植物油、脂、蜡，精制食用油蜡）、HS23（肉及食用杂碎）和 HS02（肉及食用杂碎），分别占 2019 年进口农产品总额的 15.93%、12.81%、11.28%、8.43% 和 8.10%，其中 HS12、HS03、HS10 和 HS15 这 4 类农产品为主要农产品，占贸易总额的一半以上，高达 71.87%。

表 3-20　2019 年中国自加拿大进口农产品贸易额排名前 6 位的分类农产品

编号	此产品出口额占当年对加农产品出口总额的比例（%）
HS12	31.85
HS03	15.93
HS10	12.81
HS15	11.28
HS23	8.43
HS02	8.10

总的来说，中加农产品贸易以中国自加拿大进口为主，中国主要自加拿大进口谷物和油脂、油料等土地密集型产品，主要向加拿大出口动物产品和园艺产品等劳动密集型产品，贸易集中度高，且主要为产业间贸易，基本反映了中加双方的农业资源禀赋特征；随着农产品竞争优势变化及贸易互补性上升，今后中加农产品贸易有更为广泛的发展潜力。

第三节 中国和 APEC 经济体双边农产品贸易指数分析

一、中日农产品贸易关系分析

（一）中日农产品产业内贸易指数分析

对表 3-21 和表 3-22 进行综合分析可知，2015—2019 年，中国在中日双边农产品贸易中产业内贸易指数（Intra-industry trade index，IIT）小于 0.35 的农产品种类最多；产业内贸易指数大于 0.65 的农产品种类 2015—2019 年略有波动，但总体上变化不大，2015 年和 2019 年几乎持平；产业内贸易指数在 0.35~0.65 区间内的农产品种类逐渐增多，小于 0.35 的农产品种类逐渐减少。由此表明：中日农产品贸易因自然资源、环境气候、地理位置和生产要素的不同，双边贸易在整体上为产业间贸易形式，比如动物类、肉类、谷物类、植物类、果蔬类产品中国向日本出口的较多，这些都属于劳动集聚性农产品，比较符合中国的生产要素特性；日本的农业机械化水平高于中国，在机械化生产的鱼类、烟草类农产品方面，日本向中国出口的较多。

表 3-21　2015—2019 年中日双边农产品贸易分类别 IIT 指数

编号	2015 年	2016 年	2017 年	2018 年	2019 年
HS01	0.61	0.70	0.66	0.65	0.46
HS02	0.00	0.00	0.00	0.00	0.00
HS03	0.23	0.24	0.23	0.28	0.28
HS04	0.00	0.01	0.00	0.02	0.02
HS05	0.07	0.10	0.09	0.08	0.10

(续表)

编号	2015年	2016年	2017年	2018年	2019年
HS06	0.63	0.60	0.69	0.72	0.61
HS07	0.00	0.00	0.00	0.00	0.00
HS08	0.07	0.11	0.08	0.05	0.03
HS09	0.03	0.06	0.07	0.08	0.12
HS10	0.10	0.08	0.07	0.05	0.19
HS11	0.06	0.11	0.23	0.38	0.61
HS12	0.29	0.29	0.35	0.34	0.36
HS13	0.05	0.05	0.03	0.05	0.05
HS14	0.01	0.01	0.01	0.01	0.02
HS15	0.27	0.37	0.36	0.44	0.33
HS16	0.01	0.02	0.01	0.03	0.02
HS17	0.86	0.99	0.88	0.79	0.58
HS18	0.43	0.48	0.45	0.57	0.62
HS19	0.25	0.40	0.44	0.66	0.72
HS20	0.00	0.01	0.00	0.01	0.01
HS21	0.60	0.62	0.67	0.99	0.90
HS22	0.93	0.83	0.68	0.61	0.44
HS23	0.03	0.03	0.02	0.03	0.05
HS24	0.85	0.81	0.29	0.27	0.35
HS51	0.77	0.74	0.77	0.73	0.76
HS52	0.71	0.79	0.81	0.86	0.74

表 3-22 2015—2019 年中日 IIT 指数及变化趋势

IIT 指数	2015年	2016年	2017年	2018年	2019年	整体变化趋势
IIT > 0.65	5	6	7	6	4	先增后减
0.35 ≤ IIT ≤ 0.65	4	5	4	5	8	增多
IIT < 0.35	17	15	15	15	14	减少

结合图 3-15 可知，在中日分类农产品双边贸易中，动物毛及棉花产品的

IIT 指数最高，均大于 0.8，属于典型的产业内贸易。将农产品细分来看，HS51（羊毛及动物毛）农产品在 2015—2019 年 IIT 指数均在 0.73 及以上，表明其属于典型的产业内贸易；HS52（棉花、生棉、废品棉、精梳棉）农产品 2015—2019 年其 IIT 指数不同年份间表现为先增后减的态势，但其值均保持在 0.70 以上，属于产业内贸易特征明显。

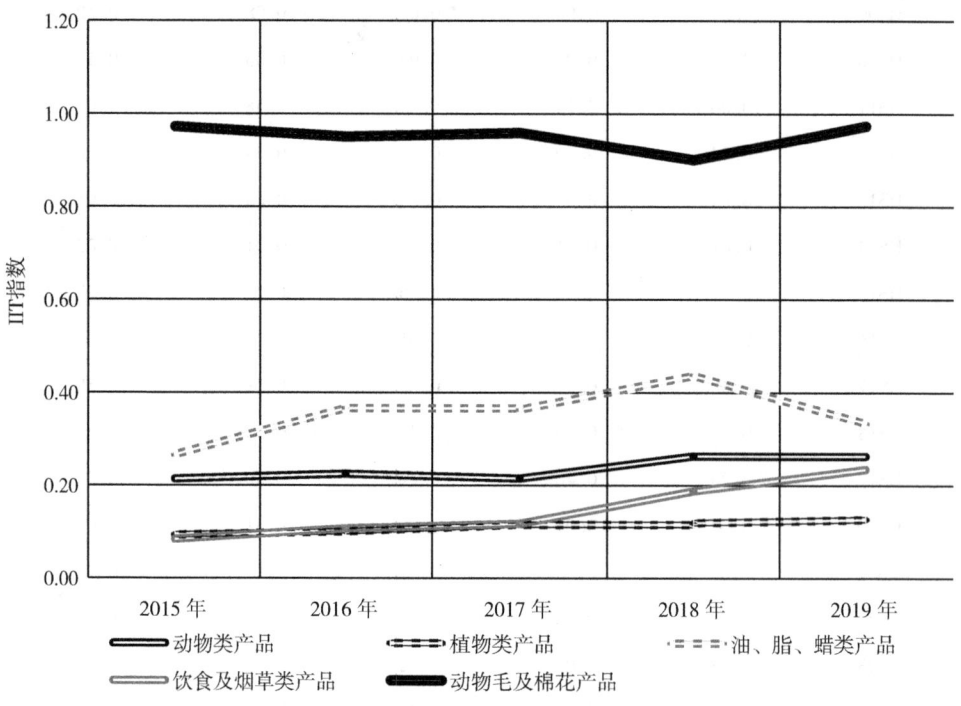

图 3-15　2015—2019 年中日五大类农产品 IIT 指数趋势

中日农产品双边贸易中油、脂、蜡类 2015—2019 年的 IIT 指数保持在 0.20~0.50，2015—2018 年指数逐渐上升，2018—2019 年下降，这说明在中日农产品双边贸易中，油、脂、蜡类产品有由产业间贸易向产业内贸易转变的趋势，但目前还是属于产业间贸易，贸易性质也还未改变。将农产品细分来看，HS15（动植物油、脂、蜡，精制食用油蜡）农产品在 2015—2019 年，IIT 指数最大为 2018 年的 0.44，最小为 2015 年的 0.27，整体值均在 0.50 以下，是明显的产业间贸易。

动物类产品 2015—2019 年的 IIT 指数一直保持在 0.20~0.30，属于产业间贸易。将农产品细分来看，HS01（活动物）农产品的 IIT 指数在 2015—

2018年均在0.50以上，2019年IIT指数为0.46低于0.50，这说明2015—2019年，此类农产品逐渐由产业内贸易向产业间贸易转化，其贸易形式在未来可能会完全转变为产业间贸易；HS02、HS03、HS04、HS05农产品的IIT指数均接近0，且其值5年来无明显变化，这说明这些类别的农产品贸易均属于典型的产业间贸易形式。

饮食及烟草类产品2015—2019年的IIT指数保持在0.1~0.2，这说明其属于产业间贸易类型。将农产品细分来看，HS17（糖及糖食）农产品的IIT指数一直保持在0.50以上，属于较明显的产业内贸易形式，但在2015—2019年其IIT指数有逐渐减小的趋势；HS22（饮料、酒及醋）农产品在2015—2018年，IIT指数一直大于0.50，但在2019年其值为0.46，说明在此类产品的贸易形式有从产业内贸易向产业间贸易转化的可能；HS24（烟草、烟草及代用品的制品）农产品的IIT指数在2015年和2016年较高，均大于0.50，2017年为0.29，2018年和2019年均在0.5以下，说明此类农产品在中日双边贸易中，由产业内贸易向产业间贸易转变较快。

植物类产品2015—2019年IIT指数保持在0.1左右，是典型的产业间贸易形式。将农产品细分来看，HS06（活植物、茎、根、插花、叶）农产品较为特殊，其IIT指数始终大于0.6，属于产业内贸易形式，但编号HS06~HS14农产品的IIT指数在2015—2019年有逐渐接近于0的趋势，这种贸易形式属于明显的产业间贸易。

（二）中日农产品贸易竞争力指数分析

根据表3-23和表3-24贸易竞争力指数（Trade Competitiveness，TC）可知，2015—2019年中国在中日双边农产品贸易中具有很强的竞争力，13类农产品处于竞争力很强的地位，处于竞争力强和竞争力较强行列的农产品各有5类，仅3类农产品处理较弱竞争力的行列，没有处于竞争力弱或很弱的农产品类别。从整体变化趋势上来看，2015—2019年，中国在中日双边贸易中竞争力很强或强的农产品种类数量总体保持稳定，竞争力较弱的农产品类别数在2019年降为0。

表3-23 2015—2019年中日双边农产品贸易分类别TC指数

编号	2015年	2016年	2017年	2018年	2019年
HS01	0.39	0.30	-0.34	-0.35	0.54

（续表）

编号	2015年	2016年	2017年	2018年	2019年
HS02	1.00	1.00	1.00	1.00	1.00
HS03	0.77	0.76	0.77	0.72	0.72
HS04	1.00	0.99	1.00	0.98	0.98
HS05	0.93	0.90	0.91	0.92	0.90
HS06	0.37	0.40	0.31	0.28	0.39
HS07	1.00	1.00	1.00	1.00	1.00
HS08	0.93	0.89	0.92	0.95	0.97
HS09	0.97	0.94	0.93	0.92	0.88
HS10	0.90	0.92	0.93	0.95	0.81
HS11	0.94	0.89	0.77	0.62	0.39
HS12	0.71	0.71	0.65	0.66	0.64
HS13	0.95	0.95	0.97	0.95	0.95
HS14	0.99	0.99	0.99	0.99	0.98
HS15	0.73	0.63	0.64	0.56	0.67
HS16	0.99	0.98	0.99	0.97	0.98
HS17	0.14	0.01	-0.12	-0.21	0.42
HS18	0.57	0.52	0.55	0.43	0.38
HS19	0.75	0.60	0.56	0.34	0.28
HS20	1.00	0.99	1.00	0.99	0.99
HS21	0.40	0.38	0.33	-0.01	0.10
HS22	-0.07	-0.17	-0.32	-0.39	0.56
HS23	0.97	0.97	0.98	0.97	0.95
HS24	-0.15	-0.19	-0.71	-0.73	0.65
HS51	0.23	0.26	0.23	0.27	0.24
HS52	-0.29	-0.21	-0.19	-0.14	0.26

表3-24 2015—2019年中日TC指数及变化趋势

TC指数区间	竞争力类别	2015年	2016年	2017年	2018年	2019年	整体变化趋势
(0.80, 1]	竞争力很强	13	13	12	12	12	稳定
(0.50, 0.80]	竞争力强	5	5	6	6	6	增多
(0, 0.50]	竞争力较强	5	5	4	3	8	先减后增
(-0.50, 0]	竞争力较弱	3	3	3	4	0	先增后减

(续表)

TC 指数区间	竞争力类别	2015 年	2016 年	2017 年	2018 年	2019 年	整体变化趋势
(−0.80, −0.50]	竞争力弱	0	0	1	1	0	先增后减
[−1, −0.080]	竞争力很弱	0	0	0	0	0	不变

根据图 3-16 可知，2015—2019 年我国在中日双边农产品贸易中，植物类、饮食及烟草类以及动物类产品属于很强竞争力的优势农产品，而且整体态势比较稳定；油、脂、蜡类产品属于较强竞争力的优势农产品，且竞争力有逐渐增强的趋势；动物毛及棉花产品相对于日本来说其竞争力不强。

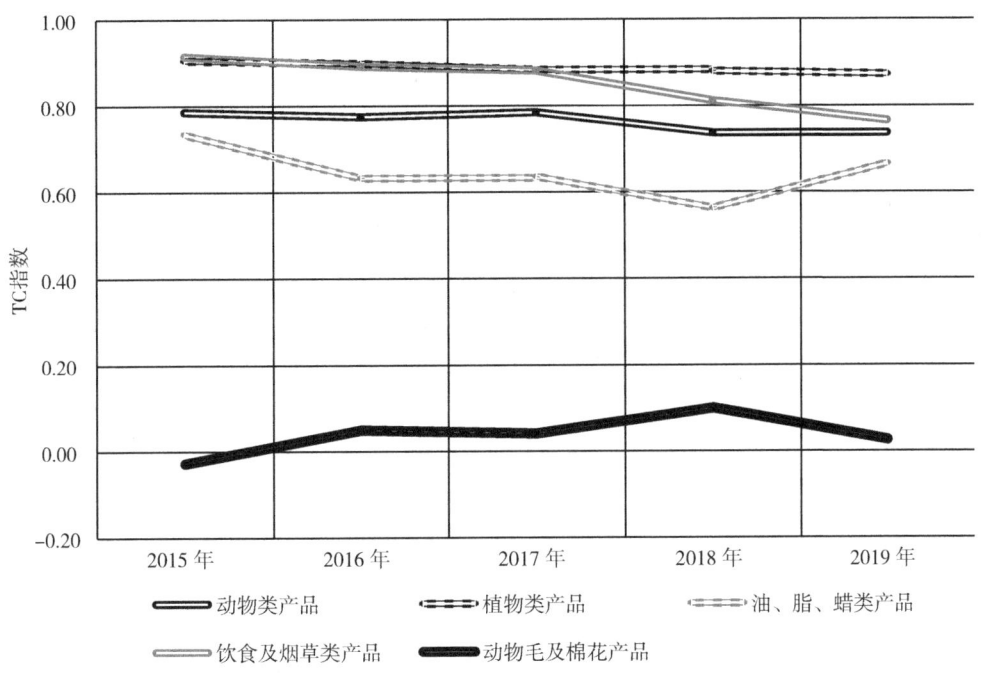

图 3-16　2015—2019 年中日五大类农产品 TC 指数趋势

二、中韩农产品贸易关系分析

（一）中韩双边农产品产业内贸易指数分析

结合表 3-25 和表 3-26 可知，2015—2019 年，中国在中韩双边农产品贸易中，产品 IIT 指数值小于 0.35 的农产品种类最多，IIT 指数在 0.35~0.65 区间内的农产品种类数量呈先增后减少的趋势，IIT 指数大于 0.65 和小于 0.35 的农产品种类 2015—2019 年基本保持不变。这表明中国在中韩双边农产品贸易中，因自然资源禀赋、农业生产方式、耕地面积及生产要素等的不同，农产品双边贸易在整体上呈现为产业间贸易形式。例如动物类、谷物类、植物类、水果蔬菜类等土地利用类和劳动集聚性农产品是中国向韩国出口的量较多的品类，符合中国的生产要素特性；而韩国向中国出口饮食类产品较多。

表 3-25　2015—2019 年中韩双边农产品贸易分类别 IIT 指数

编号	2015 年	2016 年	2017 年	2018 年	2019 年
HS01	0.00	0.01	0.12	0.22	0.15
HS02	1.00	1.00	1.00	1.00	1.00
HS03	0.15	0.19	0.14	0.10	0.17
HS04	0.95	0.92	0.73	0.91	0.94
HS05	0.28	0.31	0.13	0.20	0.82
HS06	0.08	0.07	0.07	0.04	0.02
HS07	0.00	0.00	0.00	0.00	0.00
HS08	0.53	0.56	0.74	0.71	0.65
HS09	0.11	0.07	0.08	0.06	0.05
HS10	0.00	0.01	0.00	0.00	0.00
HS11	0.08	0.07	0.07	0.08	0.07
HS12	0.19	0.14	0.30	0.23	0.36
HS13	0.33	0.25	0.34	0.26	0.23
HS14	0.01	0.02	0.01	0.01	0.01
HS15	0.51	0.29	0.20	0.34	0.32
HS16	0.17	0.18	0.16	0.17	0.23
HS17	0.69	0.82	0.91	0.90	0.97
HS18	0.31	0.29	0.24	0.31	0.27
HS19	0.96	0.95	0.94	0.92	0.89
HS20	0.26	0.27	0.21	0.22	0.25
HS21	0.69	0.88	0.68	0.80	0.75
HS22	0.65	0.88	0.93	0.79	0.76
HS23	0.04	0.05	0.08	0.05	0.04
HS24	0.96	0.87	0.53	0.71	0.55

(续表)

编号	2015年	2016年	2017年	2018年	2019年
HS51	0.39	0.37	0.38	0.38	0.37
HS52	0.72	0.57	0.65	0.50	0.46

表 3-26　2015—2019 中韩 IIT 指数及变化趋势

IIT 指数	2015年	2016年	2017年	2018年	2019年	整体变化趋势
IIT > 0.65	7	7	7	8	7	稳定
0.35 ≤ IIT ≤ 0.65	4	4	3	2	5	先减后增
IIT < 0.35	15	15	16	16	14	稳定

根据图 3-17 可知，中国在中韩分类别农产品双边贸易中，动物毛及棉花产品的 IIT 指数最高，2015 年为 0.63，但从 2015 年开始，整体呈下降趋势最低值为 2019 年的 0.43，IIT 指数自 2017 年后连续两年低于 0.5，说明在中韩双边农产品贸易中，我国动物毛及棉花产品的贸易形式逐渐由产业内贸易向

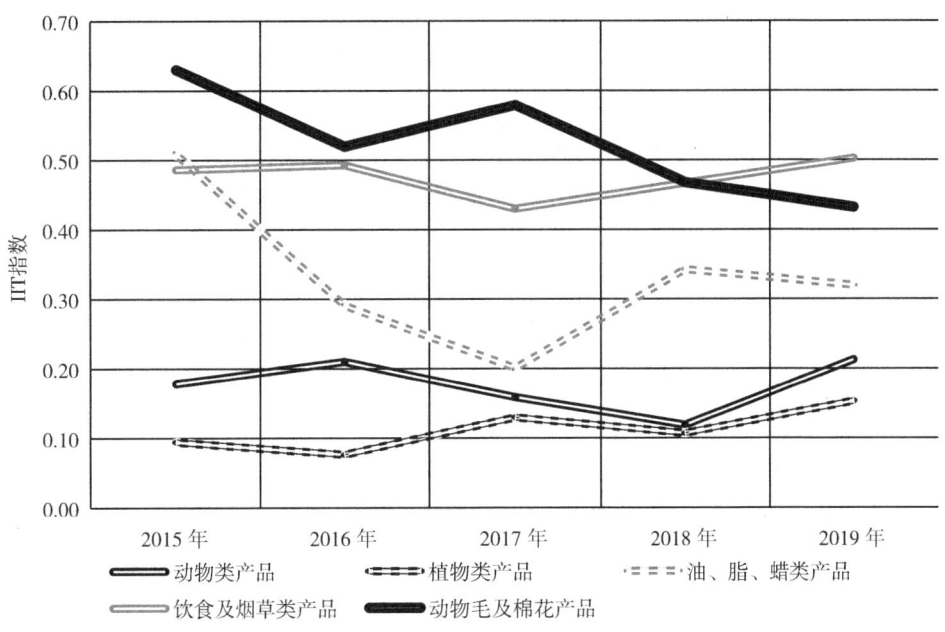

图 3-17　2015—2019 年中韩五大类农产品 IIT 指数趋势

产业间贸易转化。将农产品细分来看，2015—2019年动物毛（HS51）类产品IIT指数均小于0.5，保持在0.37~0.39，说明该类农产品在双边贸易中属于产业间贸易形式；棉花、生棉、废品棉、精梳棉（HS52）类产品的IIT指数总体上呈先增后减趋势，5年间其值从2015年的0.72下降至2019年的0.46，此类农产品的贸易形式逐渐改变。

饮食及烟草类产品的IIT指数变化幅度较小，5年来均保持在0.4~0.5，说明该类农产品贸易形式属于产业内贸易。将农产品细分来看，糖及糖食类产品（HS17）的IIT指数保持在0.6以上，属于较明显的产业内贸易形式，此外，该产品的IIT指数在逐渐增大，说明在双边贸易中，此类农产品的贸易形式逐渐向产业内贸易演变。饮料、酒及醋类产品（HS22）在2015—2018年，IIT指数均大于0.50，整体变化与HS17类产品相似，也同属于较明显的产业内贸易形式。烟草及代用品的制品类产品IIT指数变化幅度较大，2015—2019年其IIT指数均大于0.50，属于产业内贸易。

油、脂、蜡类产品不同年份间的IIT指数变化较大，2015年的值为0.51，2016—2019年均小于0.50，说明在2015年后的中韩双边贸易中油、脂、蜡类产品的贸易形式逐渐从产业内贸易向产业间贸易过渡，从2016年起该类农产品在中韩双边农产品贸易中的贸易形式已转变为产业间贸易。将农产品细分来看，2015—2019年动植物油、脂、蜡和精制食用油类产品（HS15）的IIT最大值为2015年的0.51，最小值为2017年的0.20，除2015年外，其他年份的IIT指数均在0.50以下，这说明该类农产品的贸易形式逐渐由产业内贸易转向产业间贸易。

动物类产品在2015—2019年的IIT指数一直保持在0.15~0.25，总体态势稳定，说明该类农产品的贸易形式属于产业间贸易。将农产品细分来看，乳、蛋、蜂蜜及其他动物产品（HS04）的IIT指数在2015—2018年均在0.70以上，整体变化较小，此类农产品的贸易形式一直是产业内贸易。此外，编号HS03、HS04、HS05类农产品的IIT指数接近于0，且其值5年内无明显变化，说明这些类别的农产品贸易属于典型的产业间贸易。

植物类产品2015—2019年的IIT指数保持在0.1左右，虽有逐渐扩大的趋势，但总体变化不明显，可以判定其贸易形式为产业间贸易。将农产品细分来看，食用水果及坚果和水果果皮类农产品（HS08）较为特殊，其IIT指数2015—2019年均大于0.50，说明此类农产品的贸易形式属于产业内贸易；

编号 HS06~HS14 类农产品的 IIT 指数在 2015—2019 年皆接近于 0，可以判定其贸易形式属于产业间贸易。

（二）中韩农产品贸易竞争力指数分析

由表 3-27、表 3-28 和图 3-18 可知，在中韩双边农产品贸易中，中国的农产品相较于韩国的农产品更具竞争力。2015 年，中国在中韩双边农产品贸易中有 11 类农产品处于很强竞争力的地位，但从 2018 年开始处于很强竞争力行列的农产品总体上较 2015—2017 年有所减少；竞争力强和竞争力较强的农产品各有 5 类；较弱竞争力的农产品有 5 类；没有竞争力弱或很弱的农产品。从农产品竞争力整体变化趋势上来看，在中韩双边农产品贸易中，中国竞争力很强的农产品种类的数量有少量减少；竞争力强的农产品种类的数量有所增加；竞争力较强的农产品种类的数量保持稳定；竞争力较弱的农产品种类的数量无变化。

表 3-27 2015—2019 年中韩双边农产品贸易分类别 TC 指数

编号	2015 年	2016 年	2017 年	2018 年	2019 年
HS01	1.00	0.99	0.88	0.78	0.85
HS02	0.00	0.00	0.00	0.00	0.00
HS03	0.85	0.81	0.86	0.90	0.83
HS04	-0.05	-0.08	0.27	0.09	-0.06
HS05	0.72	0.69	0.87	0.80	0.18
HS06	0.92	0.93	0.93	0.96	0.98
HS07	1.00	1.00	1.00	1.00	1.00
HS08	0.47	0.44	0.26	0.29	0.35
HS09	0.89	0.93	0.92	0.94	0.95
HS10	1.00	0.99	1.00	1.00	1.00
HS11	0.92	0.93	0.93	0.92	0.93
HS12	0.81	0.86	0.70	0.77	0.64
HS13	0.67	0.75	0.66	0.74	0.77
HS14	0.99	0.98	0.99	0.99	0.99
HS15	0.49	0.71	0.80	0.66	0.68

(续表)

编号	2015年	2016年	2017年	2018年	2019年
HS16	0.83	0.82	0.84	0.83	0.77
HS17	−0.31	−0.18	−0.09	−0.10	−0.03
HS18	0.69	0.71	0.76	0.69	0.73
HS19	0.04	0.05	0.06	0.08	0.11
HS20	0.74	0.73	0.79	0.78	0.75
HS21	0.31	0.12	0.32	0.20	0.25
HS22	−0.35	−0.12	−0.07	−0.21	−0.24
HS23	0.96	0.95	0.92	0.95	0.96
HS24	−0.04	−0.13	−0.47	−0.29	−0.45
HS51	0.61	0.63	0.62	0.62	0.63
HS52	0.28	0.43	0.35	0.50	0.54

表3-28　2015—2019年中韩TC指数及变化趋势

TC指数区间	竞争力类别	2015年	2016年	2017年	2018年	2019年	整体变化趋势
(0.80, 1]	竞争力很强	11	11	11	9	9	减少
(0.50, 0.80]	竞争力强	5	5	6	8	8	增多
(0, 0.50]	竞争力较强	5	5	5	5	4	稳定
(−0.50, 0]	竞争力较弱	5	5	5	4	5	稳定
(−0.80-0.50]	竞争力弱	0	0	0	0	0	不变
[−1, −0.80]	竞争力很弱	0	0	0	0	0	不变

从细分类别的农产品分析，活动物、鱼及其他水生无脊椎动物、其他动物产品、活植物、茎、根、插花、叶、咖啡、茶、马黛茶及调味香料、制粉工业产品、油籽、籽仁、工业或药用植物、饲料、编结用植物材料、其他植物产品、肉、鱼及其他水生无脊椎动物制品、食物工业残渣及废料、配置的饲料等产品是我国在中韩双边农产品贸易中具有很强竞争力的农产品，乳、蛋、蜂蜜及其他使用动物产品、糖及糖食、饮料、酒及醋、烟草、烟草及代用品制品农产品是我国在中韩双边农产品贸易中竞争力较弱的农产品。

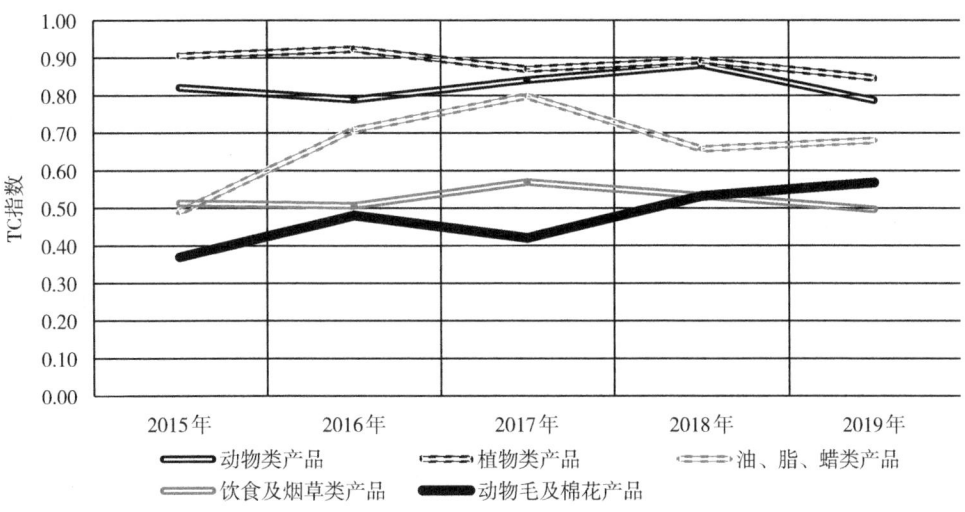

图 3-18 2015—2019 年中韩五大类农产品 TC 指数趋势

三、中泰农产品贸易关系分析

（一）中泰农产品产业内贸易指数分析

分析表 3-29 和表 3-30 中的数据可知，2015—2019 年，中泰农产品双边贸易与中韩、中日情况不同。在中泰农产品双边贸易中，中国农产品的 IIT 指数在 0.35 以下的种类最多，数量呈先增后减的变化趋势；IIT 指数在 0.35～0.65 区间内的农产品种类数量 5 年来变化波动不大且整体逐渐趋于稳定，与 IIT 指数在 0.35～0.65 区间以外的农产品种类数量变化情况类似。由此表明：在中泰农产品双边贸易中，因自然资源禀赋、农业生产方式、耕地面积以及生产要素等的不同，使得中泰双边农产品贸易在整体上成产业间贸易形式。

表 3-29 2015—2019 年中泰双边农产品贸易分类别 IIT 指数

编号	2015 年	2016 年	2017 年	2018 年	2019 年
HS01	0.41	0.69	0.43	0.96	0.12
HS02	0.44	0.22	0.00	0.00	0.00
HS03	0.29	0.30	0.42	0.61	0.78
HS04	0.27	0.30	0.26	0.59	0.36
HS05	0.03	0.01	0.10	0.16	0.24

(续表)

编号	2015年	2016年	2017年	2018年	2019年
HS06	0.78	0.91	0.71	0.85	0.97
HS07	0.48	0.56	0.57	0.80	0.89
HS08	0.98	0.91	0.80	0.50	0.35
HS09	0.04	0.01	0.03	0.02	0.03
HS10	0.00	0.00	0.00	0.00	0.01
HS11	0.16	0.20	0.21	0.16	0.21
HS12	0.64	0.68	0.70	0.58	0.59
HS13	0.12	0.13	0.05	0.05	0.09
HS14	0.73	0.78	0.26	0.32	0.54
HS15	0.67	0.79	0.63	0.65	0.57
HS16	0.29	0.35	0.39	0.33	0.28
HS17	0.41	0.65	0.52	0.71	0.47
HS18	0.21	0.14	0.16	0.08	0.10
HS19	0.99	0.95	0.87	0.87	0.91
HS20	0.47	0.60	0.66	0.71	0.71
HS21	0.95	0.86	0.77	0.79	0.97
HS22	0.55	0.47	0.27	0.34	0.39
HS23	0.45	0.62	0.60	0.52	0.49
HS24	0.06	0.00	0.09	0.00	0.72
HS51	0.15	0.13	0.15	0.12	0.05
HS52	0.50	0.39	0.35	0.39	0.41

表3-30 2015—2019年中泰IIT指数及变化趋势

IIT指数	2015年	2016年	2017年	2018年	2019年	整体变化趋势
IIT > 0.65	6	8	6	7	7	稳定
0.35≤IIT≤0.65	9	7	8	8	9	稳定
IIT < 0.35	11	11	12	11	10	先增后减

结合2015—2019年中泰五大类别农产品IIT指数趋势（图3-19）对中泰分类别农产品双边贸易分析可知，在中泰农产品双边贸易中饮食及烟草类产品的IIT指数最高，总体上越来越接近1，说明此类农产品的贸易形式以产业

内贸易为主。从农产品细分来看,谷物、淀粉、乳制品类和杂项食物等农产品的 IIT 指数较大,接近于 1,说明在双边农产品贸易中,进出口差额较大,属于比较明显的产业内贸易形式。糖及糖食、蔬菜、水果等植物或其他部分的制品以及食物工业的残渣及废料、配制的饲料这 3 类农产品的 IIT 指数一直在 0.5 左右,其贸易形式在产业间和产业内贸易形式之间变化。

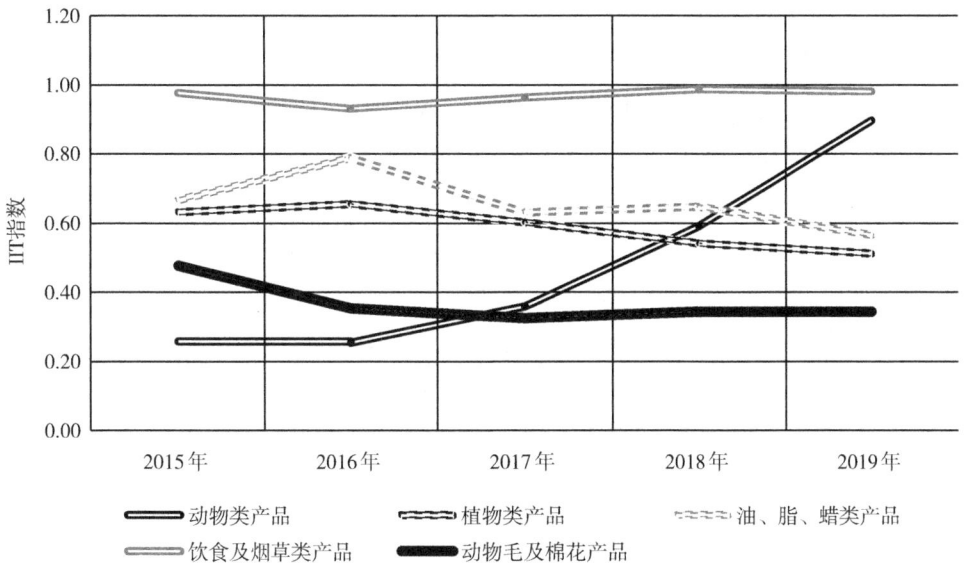

图 3-19　2015—2019 年中泰五大类农产品 IIT 指数趋势

油、脂、蜡类产品在 2015—2019 年不同年份的 IIT 指数波动较大,但基本保持在 0.6 以上,属于比较典型的产业内贸易形式。

植物类产品,2015 年 IIT 指数为 0.63,2019 年 IIT 指数为 0.51,IIT 指数呈缓慢减小趋势,该类农产品的贸易形式也逐渐从产业内贸易形式向产业间贸易形式转变。从农产品细分来看,编号为 HS06、HS08、HS12 类别的农产品的 IIT 指数一直保持在 0.8 以上,说明这 3 类农产品的贸易形式较为稳定,属于产业内贸易;而编号为 HS09、HS10、HS11 的 3 类农产品的 IIT 指数均在 0.25 以下,属于典型的产业间贸易形式;编结用植物材料及其他植物产品类的 IIT 指数在 0.5 上下浮动,表明这类农产品的贸易形式不稳定,产业内贸易与产业间贸易形式不明朗。

动物毛及棉花类产品的 IIT 指数表现为下降趋势,其值均小于 0.5,说明此类产品的贸易形式为产业间贸易,且强度越来越高。将农产品细分来看,羊毛及动物毛和棉花、生棉、废品棉、精梳棉这两类农产品的 IIT 指数都很小,基本无变化,说明此类农产品的贸易形式较为稳定。

IIT 均值最小、变化幅度最大的农产品为动物类产品,2015—2017 年 IIT 指数均在 0.5 以下,贸易形式为产业间贸易,2018 年后,农产品的 IIT 指数均大于 0.5,并呈持续上升趋势,说明此类农产品的贸易形式已经发生改变。

(二) 中泰农产品贸易竞争力指数分析

分析表 3-31 和表 3-32 中数据可知,中泰农产品双边贸易概况较为复杂。2015 年,中国在中泰农产品双边贸易中,有 16 个种类的农产品保持着较强竞争力,有 10 个种类农产品的竞争力相对来说较弱,还有 2 个种类的农产品的竞争力很弱。总体上,中国在中泰农产品双边贸易中竞争力强的农产品种类数量上并不占据绝对优势。从变化趋势上看,2015—2019 年,我国在双边农产品贸易中具有强竞争力的农产品的种类呈减少趋势;竞争力较强的农产品种类逐渐增多;竞争力弱或较弱的农产品数量也在增多,这说明中国向泰国出口的农产品的竞争力正在下降。

表 3-31　2015—2019 年中泰分类别 TC 指数

编号	2015 年	2016 年	2017 年	2018 年	2019 年
HS01	-0.59	0.31	0.57	-0.04	-0.88
HS02	0.56	0.78	-1.00	-1.00	-1.00
HS03	0.71	0.70	0.58	0.39	0.22
HS04	0.73	0.70	0.74	0.41	0.64
HS05	0.97	0.99	0.90	0.84	0.76
HS06	-0.22	-0.09	-0.29	-0.15	-0.03
HS07	-0.52	-0.44	-0.43	-0.20	0.11
HS08	-0.02	-0.09	-0.20	-0.50	-0.65
HS09	0.96	0.99	0.97	0.98	0.97
HS10	-1.00	-1.00	-1.00	-1.00	-0.99
HS11	-0.84	-0.80	-0.79	-0.84	-0.79
HS12	0.36	0.32	0.30	0.42	0.41
HS13	0.88	0.87	0.95	0.95	0.91
HS14	0.27	0.22	0.74	0.68	0.46

(续表)

编号	2015年	2016年	2017年	2018年	2019年
HS15	-0.33	-0.21	-0.37	-0.35	-0.43
HS16	0.71	0.65	0.61	0.67	0.72
HS17	-0.59	-0.35	-0.48	-0.29	-0.53
HS18	0.79	0.86	0.84	0.92	0.90
HS19	0.01	-0.05	-0.13	-0.13	-0.09
HS20	0.53	0.40	0.34	0.29	0.29
HS21	0.05	-0.14	-0.23	-0.21	0.03
HS22	-0.45	-0.53	-0.73	-0.66	-0.61
HS23	-0.55	-0.38	-0.40	-0.48	-0.51
HS24	0.94	1.00	0.91	1.00	0.28
HS51	0.85	0.87	0.85	0.88	0.95
HS52	0.50	0.61	0.65	0.61	0.59

表3-32　2015—2019年中泰TC指数及变化趋势

TC指数区间	竞争力类别	2015年	2016年	2017年	2018年	2019年	整体变化趋势
(0.80, 1]	竞争力很强	5	6	6	5	5	稳定
(0.50, 0.80]	竞争力强	6	5	7	3	3	减少
(0, 0.50]	竞争力较强	5	4	2	4	7	先减再增
(-0.50, 0]	竞争力较弱	4	8	8	8	3	先增再减
(-0.80, -0.50]	竞争力弱	4	1	1	3	6	先减再增
[-1, -0.80]	竞争力很弱	2	2	2	3	3	稳定

分析图3-20可看出，2019年中泰农产品双边贸易中，动物毛及棉花产品类是我国最具竞争力的农产品，5年间其TC指数变化幅度不大，说明此类农产品的竞争力变化较为稳定；动物类产品在2017年以前是我国在中泰农产品双边贸易中最具竞争力的农产品，2017年后其TC指数骤降，成为不具有强有力竞争力的农产品；饮食及烟草类产品在中泰双边贸易中竞争力较弱，且竞争力整体变化较为稳定；植物类和油、脂、蜡类是我国在中泰双边贸易中竞争力较弱的农产品，且竞争力逐渐下降。

从不同类别的农产品的贸易情况角度分析可知，在鱼及其他水生无脊椎动物、乳、蛋、蜂蜜及其他使用动物产品、咖啡、茶、马黛茶及调味香料、虫胶、树脂及其他植物汁以及烟草、烟草和其代用品的制品类等农产品贸易中，

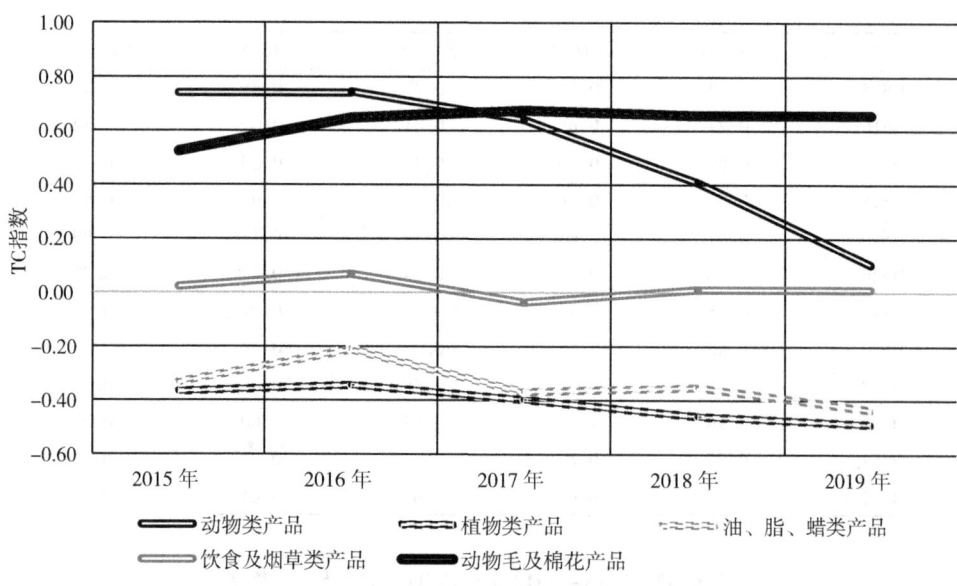

图 3-20　2015—2019 年中泰五大类农产品 TC 指数趋势

我国还具有很强的产品竞争力。食用蔬菜、根及块茎、谷物、制粉工业产品、糖及糖食和饮料、酒类等农产品在中泰农产品双边贸易中的产品竞争力较弱。活动物类产品的 TC 指数正负变化幅度较大。

四、中加农产品贸易关系分析

（一）中加农产品产业内贸易指数分析

分析表 3-33 和表 3-34 中数据可知，2015—2019 年，中加与中韩农产品双边贸易情况比较相似，在中加农产品双边贸易中，中国农产品的 IIT 指数低于 0.35 的农产品种类最多，远高于不在这个指数范围内的其他种类的农产品种类数量，且近 5 年来其数量变化较小，总体上较稳定；IIT 指数在 0.35～0.65 区间内的农产品种类的数量先增后减。数据表明，由于双边的自然资源和农业作业方式的不同，中加双边农产品贸易为产业间贸易形式。

表 3-33　2015—2019 年中加双边农产品贸易分类别 IIT 指数

编号	2015 年	2016 年	2017 年	2018 年	2019 年
HS01	0.61	0.38	0.53	0.26	0.63

第三章 中国与 APEC 经济体双边农产品贸易分析

（续表）

编号	2015 年	2016 年	2017 年	2018 年	2019 年
HS02	0.00	0.00	0.00	0.00	0.00
HS03	0.66	0.71	0.61	0.46	0.45
HS04	0.65	0.77	0.71	0.67	0.66
HS05	0.79	0.69	0.71	0.85	0.89
HS06	0.00	0.02	0.05	0.00	0.00
HS07	0.45	0.55	0.52	0.29	0.31
HS08	0.78	0.55	0.77	0.97	0.99
HS09	0.03	0.03	0.01	0.01	0.01
HS10	0.00	0.01	0.01	0.01	0.00
HS11	0.16	0.22	0.55	0.42	0.74
HS12	0.03	0.03	0.02	0.03	0.04
HS13	0.02	0.01	0.02	0.02	0.07
HS14	0.29	0.25	0.04	0.38	0.08
HS15	0.17	0.11	0.07	0.04	0.06
HS16	0.06	0.09	0.15	0.08	0.08
HS17	0.19	0.26	0.28	0.31	0.28
HS18	0.90	0.61	0.44	0.55	0.47
HS19	0.13	0.11	0.06	0.15	0.11
HS20	0.29	0.31	0.12	0.19	0.44
HS21	0.97	0.85	0.90	0.89	0.82
HS22	0.56	0.56	0.61	0.84	0.80
HS23	0.42	0.32	0.21	0.14	0.12
HS24	0.81	1.00	0.84	0.58	0.00
HS51	0.08	0.05	0.10	0.13	0.07
HS52	0.01	0.01	0.04	0.00	0.00

表 3-34 2015—2019 年中加 IIT 指数及变化趋势

IIT 指数	2015 年	2016 年	2017 年	2018 年	2019 年	整体变化趋势
IIT > 0.65	6	5	5	5	6	稳定
0.35 ≤ IIT ≤ 0.65	5	5	6	5	4	先增后减
IIT < 0.35	15	16	15	16	16	稳定

结合 2015—2019 年中加五大类别农产品 IIT 指数趋势（图 3-21）可知，在中加分类别农产品双边贸易中，饮食及烟草类产品的 IIT 指数最高，均保持在 0.5 以上，整体表现为先上升后下降的趋势，说明此类农产品的贸易形式以产业内贸易为主，而且随着时间的推移，产业内强度先增强后削弱。将农产品细分来看，可可及可可制品、杂项食物以及烟草、烟草及其代用品制品这三类的 IIT 指数接近于 1，说明其在中加双边贸易中进出口额的差值较大，属于比较明显的产业内贸易形式。肉、鱼及其他水生无脊椎动物的制品、糖及糖食、谷物、淀粉等或乳制品、蔬菜、水果等植物或其他部分的制品以及食物工业的残渣及废料、配制的饲料等的 IIT 指数 5 年来均在 0.5 以下，说明这几类农产品的贸易形式为稳定的产业间贸易形式。

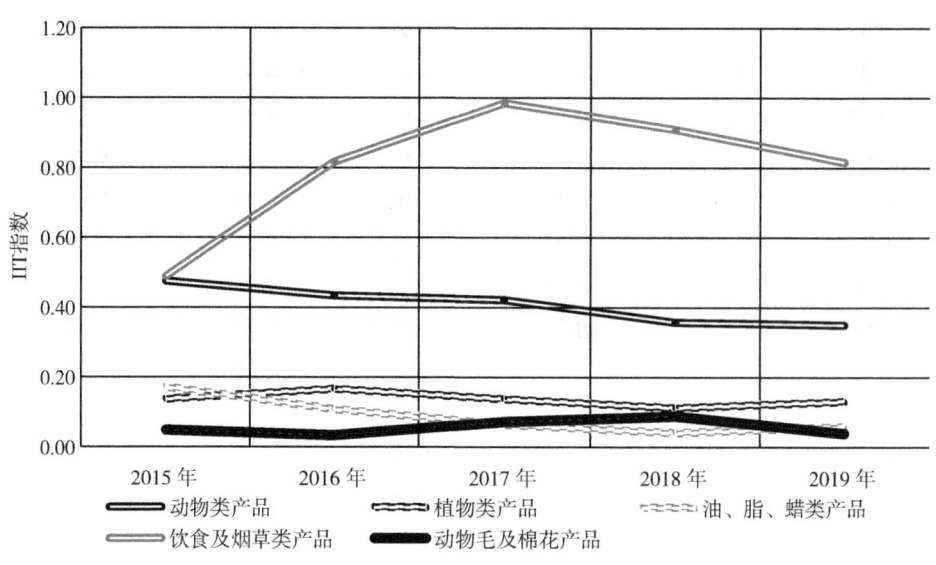

图 3-21　2015—2019 年中加五大类农产品 IIT 指数趋势

动物类产品的 IIT 指数变化较小，在 2015—2019 年 IIT 指数均在 0.35~0.4，属于较稳定型的产业间贸易形式。植物类产品，2015 年为 0.14，2019 年为 0.13，最大值为 2016 年的 0.17，可以看出植物类产品的 IIT 指数总体上呈减小趋势，这说明此类农产品的贸易形式属于典型的产业间贸易。从农产品细分来看，农产品编号为 HS06、HS09、HS10、HS11、HS12、HS13 和 HS14 类别的 IIT 指数均在 0.25 以下，说明这 7 类农产品的贸易形式属于较为稳定的产业间贸易；食用水果及坚果、甜瓜等水果果皮类产品比较特殊，其

IIT 指数均在 0.60 以上，2018—2019 年达到 0.95 以上，表明此类农产品的贸易形式为典型产业间贸易，且贸易强度不断增强；食用蔬菜、根及块茎类的 IIT 指数在 0.5 左右波动，表明这类农产品的贸易形式不稳定，总是在产业内贸易与产业间贸易之间变化。

油、脂、蜡类产品，其值均小于 0.2，IIT 指数呈下降趋势，说明此类产品的为产业间贸易，越来越显著。将农产品细分来看，动植物油、脂、蜡和精制食用油蜡等农产品的 IIT 指数最低，属于典型的产业间贸易。IIT 均值最小的是动物毛及棉花类产品，2015—2017 年此类农产品的 IIT 指数均在 0.1 以下，贸易形式为产业间贸易，将农产品细分来看，羊毛及动物毛和棉花、生棉、废品棉、精梳棉等类别农产品的 IIT 指数在这 2 年间最大值为 0.13，其他年份基本在 0.1 以下，甚至为 0，表明中加双边因生产要素和自然资源禀赋的不同，在农产品贸易中各自具有强劲竞争力的农产品种类不同。

（二）中加农产品贸易竞争力指数分析

分析表 3-35 和表 3-36 中数据可知，中加农产品双边贸易情况较为复杂，中国对加拿大的农产品贸易在竞争力强的农产品种类数量上不占据优势。2015 年双边贸易中，我国有 14 类农产品具有较强竞争力，有 12 类农产品的竞争力相对较弱，有 4 类农产品的竞争力很弱。从整体变化趋势看，2015—2019 年我国在中加双边农产品贸易中对加拿大的农产品具有很强竞争力的农产品类别与具有强竞争力的农产品类别变化趋势相同，竞争力弱的农产品种类在增加，说明我国的某些农产品在双边贸易中的竞争力逐步下降。

表 3-35　2015—2019 年中加分类别 TC 指数

编号	2015 年	2016 年	2017 年	2018 年	2019 年
HS01	-0.39	-0.62	-0.47	-0.74	-0.37
HS02	-1.00	-1.00	-1.00	-1.00	-1.00
HS03	-0.34	-0.29	-0.39	-0.54	-0.55
HS04	0.35	0.23	0.29	0.33	0.34
HS05	-0.21	-0.31	-0.29	-0.15	0.11
HS06	1.00	0.98	0.95	1.00	1.00
HS07	-0.55	-0.45	-0.48	-0.71	-0.69
HS08	0.22	0.45	0.23	0.03	-0.01

(续表)

编号	2015年	2016年	2017年	2018年	2019年
HS09	0.97	0.97	0.99	0.99	0.99
HS10	-1.00	-0.99	-0.99	-0.99	-1.00
HS11	0.84	0.78	0.45	0.58	-0.26
HS12	-0.97	-0.97	-0.98	-0.97	-0.96
HS13	0.98	0.99	0.98	0.98	0.93
HS14	0.71	0.75	0.96	0.62	0.92
HS15	-0.83	-0.89	-0.93	-0.96	-0.94
HS16	0.94	0.91	0.85	0.92	0.92
HS17	0.81	0.74	0.72	0.69	0.72
HS18	-0.10	0.39	0.56	0.45	0.53
HS19	0.87	0.89	0.94	0.85	0.89
HS20	0.71	0.69	0.88	0.81	0.56
HS21	-0.03	-0.15	-0.10	-0.11	-0.18
HS22	-0.44	-0.44	-0.39	-0.16	-0.20
HS23	0.58	-0.68	-0.79	-0.86	-0.88
HS24	-0.19	0.00	-0.16	-0.42	1.00
HS51	0.92	0.95	0.90	0.87	0.93
HS52	0.99	0.99	0.96	1.00	1.00

表3-36 2015—2019年中加TC指数及变化趋势

TC指数区间	竞争力类别	2015年	2016年	2017年	2018年	2019年	整体变化趋势
(0.80, 1]	竞争力很强	9	7	9	8	9	稳定
(0.50, 0.80]	竞争力强	3	4	3	3	3	稳定
(0, 0.50]	竞争力较强	2	3	3	3	2	先增再减
(-0.50, 0]	竞争力较弱	7	5	7	4	5	减少
(-0.80-0.50]	竞争力弱	1	3	2	4	4	增加
[-1, -0.80]	竞争力很弱	4	4	3	4	4	稳定

从不同类别的农产品分析，活植物、茎、根、插花、叶、咖啡、茶、马黛茶、调味香料、虫胶、树脂及其他植物汁、肉、鱼、其他水生无脊椎动物制

品、谷物、淀粉等或乳制品、羊毛及动物毛和棉花、生棉、废品棉、精梳棉类等农产品在中加农产品双边贸易中，我国具有很强的产品竞争力；乳、蛋、蜂蜜及其他使用动物产品、食用水果及坚果、甜瓜等水果果皮、编结用植物材料、其他植物产品类等农产品，我国具有较强的竞争力；肉及食用杂碎、谷物、油籽、籽仁、工业或药用植物、饲料以及动植物油、脂、蜡和精制食用油蜡类等农产品，我国竞争力较弱。

图 3-22 反映出 2015—2019 年在中加农产品双边贸易中，动物毛及棉花产品类是我国最具竞争力的农产品，5 年间 TC 指数变化幅度不大。饮食及烟草类产品在 2017 年以前是我国在中加贸易中具有一定竞争力的农产品，但 2017 年以后其 TC 指数骤降，2018—2019 年降为负数，说明在双边贸易中我国此类农产品已完全失去竞争的主导地位。动物类产品在中加双边贸易中竞争力较弱；植物类和油、脂、蜡类的 TC 指数接近于 -1，是五大类农产品中最不具竞争力的两类。

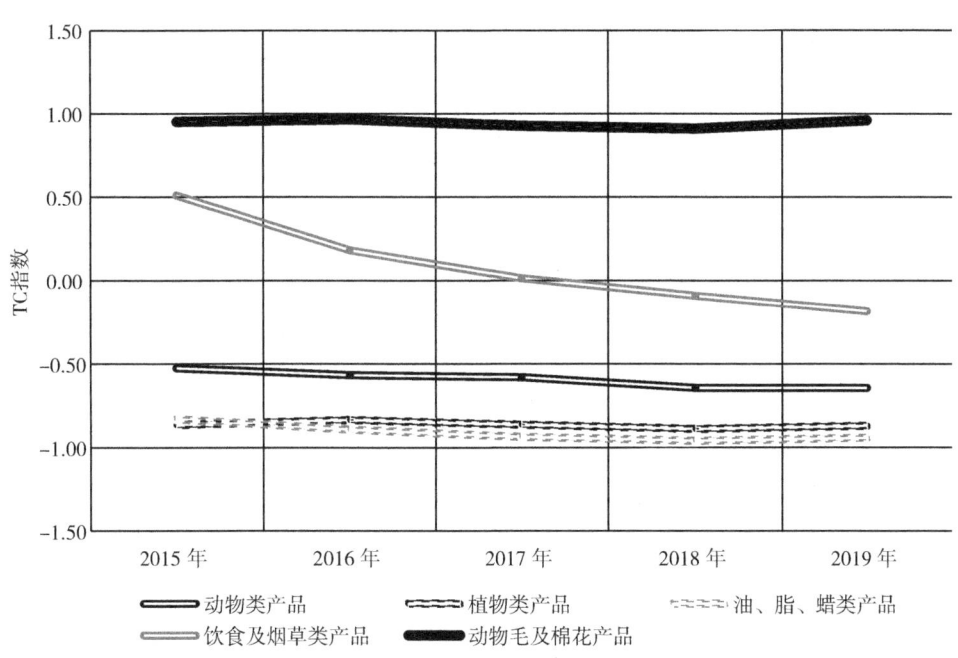

图 3-22　2015—2019 年中加五大类农产品 TC 指数趋势

第四节 中国和 APEC 经济体双边农产品贸易发展建议

中国是农业大国，农业生产具有悠久的历史。农业生产提供的食物等基本生活资料是人类社会生存和发展的首要前提，农业部门创造的剩余产品是社会其他生产部门存在和运转的重要基础。APEC 是我国周边非常重要的多边组织，对我国经济体经济安全以及粮食安全具有不可估量的作用，我国与周边经济体的双边贸易对于我国的发展至关重要。

一、优化我国农产品贸易结构

我国与日本、韩国、泰国以及加拿大在自然资源禀赋、农业机械产业化程度、生产作业方式以及科研制度体系等方面都具有一定的差异性。我国人口基数大，耕地水资源短缺，农业机械化程度不高，产业化组织程度较低，农业基础设施薄弱。为了解决这些问题，我国政府相继出台多个文件，如每年的中央一号文件等为我国农业发展提供了政策支持。在中国和 APEC 经济体双边农产品贸易中发挥我国农产品优势资源，优化农产品贸易结构（包括种类和数量），是我国现阶段提升农产品竞争力的有效措施。根据前文对中日、中韩、中泰和中加农产品贸易现状的分析，与这些经济体相比，我国在市场中具有比较优势的农产品种类和数量并不多，但是有较多农产品具有潜力，比如我国的动物类、谷物类、蔬菜制品类等产品。所以，在双边贸易中我国应根据比较优势理论，对双边农产品贸易合作经济体采取差异化的出口策略，以发挥我国的资源优势、推进我国具有相对优势的农业产业的发展，而后利用具有比较优势的产业带动其他产业的发展，从而促进我国农业资源的优化配置。

二、夯实农业发展基础，推进农业产业化经营

近年来，我国农村工作形势向好，但也面临严峻挑战。农业基础设施依然薄弱，农民稳定增收依然困难，农业仍然是国民经济中最薄弱的环节。农业发展到一定程度必将向以市场为导向、以企业为依托的产业化经营方向发展，以合理配置市场中的各种生产要素，从而使得农业、农产品、农村经济得以快速发展，进一步扩大农业发展带来的经济效益。纵观全球农业发展史，实

行产业化经营是提升农产品竞争力和经济效益的有效途径,推行农业产业化经营可以将农产品的生产、加工、销售、品质服务等零散环节统一起来,这不仅可以降低农业生产、运输等环节的成本,还可以延长农产品生态产业链,追溯优势农产品的产地、生产等。此外,将生产同一优质农产品的分散农户集中起来,带动农户生产积极性和科学生产交流的便利性,从而促进农产品生产组织化,降低农户在生产过程中的风险,可以切实提高农业生产管理水平。

在中泰、中加双边农产品贸易中,中国始终处于贸易逆差方,且贸易逆差有扩大的趋势。泰国和加拿大对优质农产品的出口量较大,必然对我国竞争力较弱的农产品造成巨大冲击,因此,提高农业生产管理水平、推进农业产业化经营,是迎合双边农产品贸易发展的合理需求。在中日、中韩农产品贸易中,中国始终处于贸易顺差方,且贸易顺差额较大,在此基础之上再引入国际农产品检验标准和生产规范,从而推进农业产业化经营,对提高我国农产品的生产质量与产品衍生附加值、打造具有中国特色的国际知名农产品品牌都更具现实意义。此外,推行农业产业化经营是提高我国农产品竞争力切实可行的举措,有利于我国出口的农产品符合进口经济体的标准和要求,对优质农产品的溯源及质量提供保障,从而扩大我国农产品的海外市场。

三、加强多方合作,深化双边农产品贸易

我国应设立相关协会进行双边贸易引导,为提高我国农产品竞争力制定农产品源头追溯和质量保障计划,确保出现问题的农产品能够快速溯源。应该学习农业发达经济体成熟的农业生产销售及外贸体系运作方式,比如政府、企业、协会、农户间紧密合作,政府在农产品进出口方面统筹兼顾,出台相应政策,为企业解决农产品市场准入问题,及时公开透明地分享市场信息,企业发挥自身优势,提高我国具有比较优势的农产品的品牌影响力,相关协会明确职责,在行业标准、市场监管等方面发挥作用,切实有效地协调政府、企业与农户的关系,农户科学、协作种植,在保证农产品品质的同时也要肩负粮食安全的责任,在提高土地资源经济效益的同时也要兼顾环境效益。

第四章 APEC 服务业竞争力路线图

第一节 ASCR 制定背景和合作框架

一、制定背景

服务业是全球价值链中充满活力、不断增长的组成部分,也是提供经济产出和就业的主要部门。2015 年,亚太经合组织领导人呼吁制定一项战略性和长期性的服务竞争力路线图,其中包括到 2025 年要实现的行动和共同商定的目标,并指示高级官员履行承诺。服务业在 APEC 地区未来十年的经济增长中都会发挥重要作用,APEC 服务平台的创建吸引了更多的服务提供者参与其中,使服务贸易能力得到一定程度的提高。2015 年,APEC 政策研究小组对 APEC 项目数据库进行的评估显示:53% 的项目与服务业有关,其中一些与服务业相关的项目已经成为亚太经合组织成就的象征。亚太经合组织多年来开展了大量与服务业有关的工作,但并非每个人或每个相关论坛都能认识到自己在促进服务业发展方面的关键作用。2016 年,亚太经合组织领导人批准了《APEC 服务业竞争力路线图》(APEC Services Competitiveness Roadmap,ASCR)及其相应的实施计划。

在大多数亚太经合组织经济体中,服务业占其 GDP 一半以上。亚太经合组织通过委托研究、组织研讨会、制定指南等方式推进与服务业相关的工作。近 10 年,服务业的就业人数占总就业人数的一半以上。2015 年,亚太经合组织领导人批准了《亚太经合组织服务业合作框架》,各成员经济体承诺发展服务业作为经济增长和包容性发展的推动力。2016—2019 年,亚太经合组织商业服务出口按名义价值计算从 2016 年的 1.95 万亿美元增加到 2019 年的 2.31 万亿美元,同期增长速度超过了世界其他地区。因此,亚太经合组织全球服务出口份额从 2016 年的 38.8% 下降到 2019 年的 38.1%,尽管 2016—2018 年服务贸易的复合平均年增长率达到 7.4%，但 2019 年的贸易紧张局势以及 2020 年新冠肺炎疫情影响抑制了 2016—2020 年的复合平均年增长率，预计将低于 6.8% 的历史平均值。尽管如此，2019 年亚太经合组织服务业增加值的平均 GDP 份额（65.7%）仍高于全球平均水平（65.0%），比 2016 年的变化幅度更小。

近年来，亚太经合组织为实现 ASCR 作出了努力，在确保开放和可预测的服务市场准入环境方面进展不一，部分总体目标的实现还是比较滞后。此外，与世界其他经济合作组织相比，亚太经合组织在世界银行或世界贸易组织服务贸易限制指数所涵盖的所有服务部门中的表现不佳。这种趋势可能会因新冠肺炎疫情而加剧，从而更突出亚太经合组织需要重新调整目标或加强努力，为实现这些目标，APEC 各经济体需要在不同层面上采取综合行动，使亚太经合组织各论坛对服务业有一个宏观和整体的观点，以加强 APEC 各经济体在服务业相关工作中的协调作用。

二、ASCR 合作框架

服务业为亚太地区提供了高质量的就业机会和新的经济增长途径，贡献的经济效益占 APEC 区域经济的主要份额。认识到服务在实现经济发展目标中的重要作用，2015 年 11 月 19 日，亚太经合组织领导人在马尼拉开会，重申了对实现亚太经合组织地区包容性增长的承诺，鼓励为高效、有竞争力的服务业提供发展支持。国际服务贸易促进了技术和管理知识的转让，刺激了创新，提高了服务供应商标准，也促进了服务业竞争力和生产力的提高，使得服务成本降低，从而扩大消费者的选择范围。因此，亚太经合组织领导人提议采用 ASCF（农业供应链金融）引导亚太地区的经济发展。

1. 推进服务议程、提升服务质量

要实现《亚太经合组织互联互通蓝图》和《2040 年亚太经合组织布特拉加亚愿景》中的目标，亚太经合组织应重视过去和正在进行的跨 APEC 各层次论坛开展的服务工作，强化对服务业的重视，遵守 APEC 在服务方面共同协定的相关文件或政策，如《服务行动计划》《亚太经合组织跨境服务贸易原则》和《服务贸易准入要求数据库》。建立的《制造业相关服务行动计划》《环境商品和服务工作方案》《环境服务行动计划》以及 APEC 环境产品和服务公私伙伴关系论坛等对 APEC 正在进行的服务工作作了重大贡献。为促进该

地区服务贸易投资的发展，APEC各经济体需根据经济概况进一步深化和建立服务工作势头，积极开展多边交流活动，探讨进一步深化跨领域合作的方法，强调对服务业关注的价值，分享监管经验和克服挑战的方法，并就如何提高服务业竞争力出谋划策。

2. 坚持共享共建、恪守合作原则

结合1995年《大阪行动议程》、2000年《服务工作政策框架》、2009年《亚太经合组织跨境服务贸易原则》和各经济体的发展概况，亚太经合组织领导人认识到法律法规和行政程序的透明度、逐步减少对服务贸易投资的限制、内外服务供应商之间不歧视的重要性后，积极鼓励各经济体协调共商良好的监管做法和有效的竞争政策，以促进服务供应商和业务人员的流动和能力建设，从而加强各经济体提供服务的能力。回顾1994年的《茂物目标》，ASCF确保了APEC多论坛和利益方议程保持动态沟通，对APEC成员经济体的市场经济和技术发展作出了反应。亚太经合组织决心通过符合世界贸易组织原则的自由开放的贸易服务和投资政策，加强人力和机构能力建设，以提高发展中成员经济体的参与度和服务业的竞争力，改善APEC平台内各利益攸关方的接触合作方式。

3. 亚太经合组织服务合作方式

2016年，APEC采取协调一致和共同商定的行动方式制定了战略性和长期性的ASCF。ASCF的起草过程从讨论路线图的要素开始，之后审议相关行动和共同商定的目标。除其他事项外，ASCF以APEC过去和正在进行的服务业工作为基础，以交叉对话和合作为途径，例如通过定期的公私部门服务对话，与ABAC（APEC Business Advisory Council，APEC工商理事会）、PECC（Pacific Economic Cooperation Conference，太平洋经济合作会议）和其他利益相关者密切合作，通过亚太经合组织服务虚拟知识中心（该中心是一个关于亚太经合组织服务相关政策和计划的信息中心，也是案例的虚拟知识共享平台）扩大多方利益攸关者的参与，促进良好监管方法的交流和有效竞争政策的落地。相关工作组和委员会应定期组织服务业监管机构讨论如何与世界贸易组织、联合国机构、国际贸易中心、经济合作与发展组织、东盟和东亚经济研究所、亚洲开发银行、美洲开发银行和世界银行等机构建立伙伴关系，实施路线图，避免重复，确保与现有举措保持一致。同时为寻求更好的方法编制与服务业有关的统计数据，在酌情考虑经济合作与发展组织等其他论坛

设计的现有指数的条件下增加衡量服务业监管环境的指数。

4. 亚太经合组织服务合作预期结果

通过所有相关委员会、工作组和服务小组,将《亚太经合组织服务合作框架》纳入亚太经合组织工作计划的战略和长期规划的主流计划并落地实施,以实现 APEC 经济体服务增值能力的提高,培育 APEC 经济体服务部门的全球竞争力,扩大 APEC 经济体的服务业贸易投资,加强所有企业(特别是微型、小型和中型企业)的全球产业链参与,从而为 APEC 及其人民更广泛地获得更有效和更多样化的服务预期结果,同时促进社会包容和人类发展从而实现 APEC 地区的创新性、平衡性、安全、可持续和包容增长而服务。

第二节 ASCR 实施计划和行动范围

2015 年 11 月,亚太经合组织领导人批准了《亚太经合组织服务业合作框架》,承诺发展服务业,以促进经济增长和其包容性。领导人指示官员们制定战略性和长期性的服务业竞争力路线图,通过一系列协调一致的行动和双方商定达成到 2025 年要实现的目标,落实了亚太经合组织领导人的指示。这是亚太经合组织内部及其组成机构多年来就服务问题进行讨论的成果,在这方面,亚太经合组织工商咨询理事会和太平洋经济合作理事会为《APEC 服务业竞争力路线图》的制定发挥了积极作用。

一、实施计划

(一)服务业对经济增长的中心作用

服务业是亚太经合组织生产力和增长的主要贡献行业。通过开放、公平和可预期的经济环境,提高服务业竞争力,促进服务贸易增长,这是亚太经合组织促进经济增长的重要途径。

1. 延长全球价值链

亚太经合组织领导人致力于发展服务行业有很多原因,这包括信息和通信技术的进步使互联网服务贸易成为重要的商业平台,不同经济体之间越来越多的货物和服务贸易在此商业平台发生。与此类事务相关的跨边界数据流非常重要,这将巩固亚太经合组织经济体之间以及与整体全球之间的贸易,尤其适用于服务贸易。信息和通信技术的进步为全球价值链的崛起提供了支撑，亚太经合组织是全球最发达的全球价值链的中心，国际贸易不能再理解为一家公司在一个经济体中生产的制成品和服务，之后交付给另一个经济体中不相关方所产生的贸易，这种贸易越来越多地涉及从全球采购初级产品来生产最终产品，然后销往全世界。

2. 嵌入式服务的重要性日益增长

制造业、采矿业和农业领域的全球价值链以嵌入式服务为特征。对一些公司来说，这种服务的提供已经变得普遍，以至于它们已经从主要供应产品过渡到主要提供服务。更重要的是这些服务在价值链的每个阶段都可以获得提供。嵌入式服务在大多数亚太经合组织经济体的制成品贸易中尤为显著，并随着时间的推移缓慢增长。此外，嵌入式服务对某些行业尤其重要，如纸张和印刷产品、电气和光学设备、运输设备和精心改造的先进制造业。在世界范围内，以国际收支计算的服务出口约占世界出口的23%，占制造业的65%。但是，如果把嵌入服务和嵌入式服务考虑在内，服务增加值升至全球出口的38%，而制造业出口的份额下降到23%。

3. 促进服务业增长的政策可以提高就业、收入和生活水平

越来越多的证据表明，服务部门的增长、服务贸易的增加，与就业水平、收入水平和生活水平的提高存在着强有力的相关关系。为服务部门的增长和发展提供政策支持将促进生产力、竞争力和就业增长，公司"内部"活动可根据各自的法律和条例外包出去，从而降低贸易壁垒，这是实现这些经济效益的重要手段。服务部门的增长有利于促进经济活动向专业化转变，这种专业化为中小微企业在经济中的增长提供了机会，是提高亚太经合组织经济体GDP的有效途径。鉴于许多中小微企业由女性拥有或经营，女性的就业机会也应得到改善。随着这些中小微企业竞争力的提高，许多中小微企业有机会通过服务出口扩大规模。越来越多的证据表明，与传统发展轨迹相比，发展中经济体更早地以较低的人均收入集中于服务类就业。

4. 促进服务业竞争

竞争是提高服务部门生产率的强大力量。它对企业施加压力，要求它们以更低的价格和更高的质量提供服务，并通过创新来满足消费者的需求。但在具有自然垄断部分的某些基础设施服务部门，竞争是有限的。改善经济体内

和国际竞争环境来改善这些部门的竞争条件,是亚太经合组织决策者面临的重大挑战。2011年,亚太经合组织政策支持小组提出了一项关于提高交通、能源和通信等基础设施领域竞争的重要研究成果。该研究估计:促进运输、能源和通信领域竞争的一揽子改革有可能为亚太经合组织带来1750亿美元的额外实际收入,仅在这些部门中改善竞争所获得的收益几乎是货物贸易进一步自由化所能获得的收益的2倍。因此,为服务贸易投资开放市场仍是各经济体实现这些经济利益的关键途径,这一理念植根于《茂物目标》。

(二) 制约服务贸易增长的因素

服务贸易及其相关利益的增长不会自动发生,贸易的增长面临着一系列制约因素。关于亚太经合组织经济体整体贸易限制的证据相对有限,但现有证据表明,许多亚太经合组织市场相对受限。

1. 经济体内法规

考虑到服务贸易壁垒在许多情况下源于经济体内法规,限制这种贸易壁垒的程度是一个复杂的问题。在许多服务部门实行经济体内规定是适当的,例如为实现公共利益而规定的运输部门必须得到监管,以确保乘客安全;电力和电信等具有自然垄断特征的部门也应受到管制,以便限制通过接入网络产生的不良竞争。促进服务部门和服务贸易增长的政策需要承认政府有权进行管制,以实现合法的政策目标;更重要的是,监管的方法会因个别经济体和部门的情况而有所不同,大型经济体可能会对竞争较为有限的小型经济体采取不同的做法,后者需要额外的监管来确保这种竞争。发展中经济体可能采取与发达经济体不同的做法,因为前者可用于制定管制政策和机构的资源可能较少。法规负担超过了要求或限制竞争超过了实现法规目标的必要条件时就会出现问题。

2. 歧视性规定

当服务贸易以歧视性方式出现时,将会对服务贸易造成更大的问题,对所有竞争者都会造成或多或少的影响。在APEC地区,各经济体所有部门对其他经济体为本经济体提供服务的性质和范围都制定了相应的限制性措施,尽管这些措施集中在运输、金融和电信服务方面,但还是在一定程度上限制了由非本经济体公民提供的专业服务,例如其他经济体律师通常被排除在本经济体依法执业范围之外。在金融服务方面,对网络的控制阻碍了商业银行保险业务的发展，使得市场中投资产品和投资活动的种类有限。此外，教育服务的供应也受到限制，例如控制非本经济体公民开展教学活动，并禁止其将利润汇回本经济体，歧视性地限制认可本经济体公民在其他经济体获得的学历。

（三）《APEC 服务业竞争力路线图》目标

为落实 APEC 领导人在 2015 年的承诺，该路线图承诺亚太经合组织必须采取具体行动提高其竞争力。《APEC 服务业竞争力路线图》旨在提供途径，使亚太经合组织实现以下发展目标：①通过逐步减少服务贸易投资方面的限制，确保开放和可预测的服务市场准入环境；②提高亚太经合组织经济体服务出口在全球服务出口总额中的份额，使其到 2025 年超过目前在全球服务出口中的份额；③促进亚太地区服务贸易增长，到 2025 年复合年均增长率超过 6.8% 的历史平均水平，服务业增加值占亚太地区国内生产总值的比例超过全球平均水平。为实现这些目标，亚太经合组织必须发展一些世界上最具活力和效率的服务市场。提高亚太经合组织内部的凝聚力和成员之间的合作水平，对开展整体亚太经合组织的行动至关重要。致力于服务贸易、国内监管和部门性服务问题的亚太经合组织机构需要密切合作，单边行动也很重要，协调一致的单边行动已被证明是亚太经合组织方式的一个优势。该路线图将为各经济体开展改革提供相互学习的平台，以最大努力支持单边行动。

（四）服务业的有利竞争力因素

发展和维持具有竞争力的服务业需要一系列有利因素，这些因素对于提高亚太经合组织范围内单个经济体的服务业竞争力至关重要。这些因素最重要的是监管制度的质量，亚太经合组织监管制度质量工作的核心是促进良好的监管实践，协调规则设定的活动、透明度和公众参与、监管影响分析、监管规划、事后评估等有效的竞争政策是监管制度质量的重要组成部分。适当的竞争政策和法律在促进公司生产力效率提高的同时，还提供了一个公平的竞争环境，使新进入者获得平等的机会。

1. 开放的服务市场

亚太经合组织各经济体应根据其全面贸易的承诺，延长贸易的时间，减少服务贸易中的保护主义和扭曲的贸易措施，这有助于奠定实现服务竞争力的基础。2009 年，亚太经合组织通过了《亚太经合组织跨境服务贸易原则》，它没有约束力，承认每个亚太经合组织经济体有权对跨境服务的供应进行监管、引入新监管，以满足每个经济体的政策目标。亚太经合组织经济体承认并遵守服务贸易总协定规定的大部分原则。国际监管委员会允许各经济体交流经验和想法，以改善监管，还允许监管机构就监管问题开展合作，以应对共同风险、突发事件和挑战等。独立评审委员会可以探索建立监管合作机制，从单方面的步骤到信息共享、相互依赖，再到相互承认和协调，从而促进服务能力和市场容量问题的改善，最终解决监管范围内的问题。

2. 政府采购服务的透明度

政府在采购程序方面提供确定性和明确性的信息对本经济体和非本经济体的供应商都有利，有助于提高投标质量，使公共资金的使用更有价值。透明的程序也使感兴趣的供应商更容易找到机会评估他们满足要求的能力；这对中小微企业也尤其重要，因为它们往往没有可用的专门资源来应对政府合同的机会，公布与采购相关的全面资料，以及在互联网上提供招标文件。

3. 满足服务业的劳动力需求

国际经验表明，那些成功地将技能发展与生产力、就业联系起来的经济体，其技能发展政策的目标主要有3个：①产生、分析和传播可靠的、最新的劳动力市场信息；②帮助工人和企业适应变化；③培养和维系支撑未来劳动力市场需求的能力。这些目标对服务业领域劳动力的需求特别重要。促进专业服务的流动对满足劳动力需求也至关重要。亚太经合组织经济体应促进专业服务贸易方面的合作，支持这一重要领域的增长。专业服务既是商品贸易和服务贸易的基础，也是全球价值链的重要组成部分。亚太经合组织经济体应共同努力，消除使专业人士在亚太经合组织市场上运作的障碍，制定有活力、有竞争力和有效的电信、创新和信息交流技术政策。

新的电信和信息通信技术为许多快速增长的服务行业提供了平台，特别是提供了服务贸易能够增长或服务支撑制成品和农产品全球价值链的基础，降低了发达经济体和发展中经济体参与的障碍，使许多新的服务提供商得以创新和成长。发展和支持信息交流技术创新，提供有弹性、安全和可信赖的信息交流技术环境，推进区域互联互通，有利于促进有活力、有竞争力和有效的电信、创新、通信技术等方面政策的创新与完善，确保新进入者能够共享电信网络。贸易政策在这方面也发挥着重要作用。但是，仍有相当数量的世界贸易组织成员尚未向外国供应商建立完全开放的商业政策，这意味着该部门仍然存在限制性。更重要的是，亚太经合组织经济体应确保电子贸易在效率、优化创新和经济增长等方面提供适当审慎监管,在合法消费和安全保护之间取得适当平衡,鼓励各经济体政府创造一种使各种规模的企业都能够利用新技术的环境,支持企业利用互联网和数字经济提供的机遇来克服发展障碍。

4. 促进有效金融市场

金融服务的增长可以降低交易成本,改善资源配置,预防风险交易,并将资本分配到生产性用途。它可以通过使用金融工具来调动储蓄,让老龄化的公众减少对社会福利的依赖。随着新技术的发展,互联网提供了有助于众筹和对个人贷款的平台,通过增加中小微企业、妇女和本土企业对经济的参与,促进了普惠金融的发展。金融部门的增长可以促进各经济体内部的创新,但也会产生必须解决的风险,金融部门需对其创新活动全程监管,以满足各种目标。但监管不能过分限制该部门的贸易和竞争,以充分发挥该部门的潜力。在这方面,一些亚太经合组织经济体还需进行监管改革,以充分发挥众筹和对个人贷款的潜力。

5. 提高人文、实体、机制的互联互通水平

2014年,亚太经合组织领导人通过了《2015—2025年亚太经合组织互联互通蓝图》,确立了三大经济发展支柱,即人员沟通、实体联通和机制联通。这些支柱下的一系列行动领域对亚太经合组织服务业合作框架的成功至关重要:促进高效运输、物流和能源行业,推动智慧、高品质城市发展;提高重要实体传播信息和通信技术基础设施的弹性、质量和可访问性;通过结构性监管改革和监管合作,弥补现有机构因监管限制或能力不足在促进互联互通方面存在的能力差距。

6. 个体经济行为

要实现《APEC 服务业竞争力路线图》中列出的目标和有利因素,需要各经济体采取重大的单边行动,在各服务部门以及整体经济中实施结构性改革。2015年,亚太经合组织结构改革部长会议强调了服务业单方面结构改革的重要性,鼓励各经济体实施旨在进一步改善服务部门的单方面改革。鼓励每个亚太经合组织经济体在《亚太经合组织结构改革新议程》框架下实施单边改革,作为其结构改革行动计划的一部分,以提高一个或多个服务部门的竞争力。考虑到各个经济体的实际情况,如发展水平、准备情况和适当的时机,

这些措施应力求在单个经济体和整体亚太经合组织范围内产生积极影响。各经济体的行动应成为符合服务业竞争力的有利因素，并包括明确和可衡量的指标，以衡量进展。

（五）《APEC服务业竞争力路线图》的实施

《APEC服务业竞争力路线图》于2021年进行中期审议，审议结果向2021年亚太经合组织部长级会议报告，以确保亚太经合组织范围内各经济体采取适当行动完成2025年《APEC服务业竞争力路线图》的目标。该文件所规定的亚太经合组织范围内各项行动由亚太经合组织相关论坛牵头实施，每一项行动都包括一个明确的实施计划和可衡量的目标，以跟踪其进展情况。

经济体单独的行动将是经济体的独立行为，由经济体责任。为支持这一层面的行动，亚太经合组织将推动一个相互学习的过程。这一过程将为亚太经合组织经济体提供必要的工具和信息，再根据各经济体经济情况和在自愿的基础上进行单边改革。它将使各经济体能够分享服务监管和改革方面的经验和良好做法，从而产生关于不同经济体监管和执行的实质性信息内容。在相互学习的过程中，鼓励各经济体在共同关心的领域开展合作；鼓励在实施改革方面有经验的经济体（不论成功与否）与其他经济体分享相关经验，还将为需要支持的感兴趣的发展中经济体管理提供能力建设。能力建设援助活动由经济技术合作高官指导委员会监督，秘书处做支撑，能力建设资金可从亚太经合组织相关基金（包括亚太经合组织能力建设基金）中支出。

（六）《APEC服务业竞争力路线图》的监测和评价

根据亚太经合组织领导人在《APEC服务业竞争力路线图》中的指示，一件特别优先事项是制定亚太经合组织指标，以衡量亚太经合组织经济体服务业的监管环境。该指数的编制工作可以考虑经济合作组织和世界银行等其他论坛已经制定的指数。另一件优先事项是确定阻碍更好地收集和报告服务统计数据的问题。数据的收集将涉及与其他多边组织，如世界贸易组织、联合国、世界银行和经济合作组织以及发达经济体进行服务统计数据收集和报告方面的工作。邀请太平洋经济合作委员会、工商咨询委员会、亚太服务联盟及其他私营机构监察和评估《APEC服务业竞争力路线图》的进展，定期征求这些实体的意见，并邀请它们评估亚太经合组织和单个经济体层面的目标的实现情况，并就如何改进该文件下的实施活动提出建议。

APEC高级官员将全面负责监测和评估《APEC服务业竞争力路线图》的

进展，定期向部长们报告进展情况，并酌情征求部长们的进一步指导意见，以便在落实《APEC 服务业竞争力路线图》过程中就个别和亚太经合组织范围内的行动取得进展。个别经济行动的报告将纳入现有的报告程序，例如《茂物目标》进展情况报告或亚太经合组织可持续发展委员会个别行动计划进展情况报告。亚太经合组织还将改善服务业贸易投资的计量方式，以支持《APEC 服务业竞争力路线图》的实施，并增进对这一领域出现的关键问题的理解。PSU（政策支持小组）将与负责开展亚太经合组织范围行动的论坛合作，确定论坛可能收集的统计数据，以衡量各领域的进展。行政管理高官将优先确保相关单位有资源执行路线图规定的任务。

二、ASCR 行动范围

根据商定的《促进全球价值链发展与合作战略蓝图》，加强全球价值链，支持专业人士的跨境流动，以 APEC 建筑师和工程师登记册等举措为基础促进相互承认的安排方案。在 APEC 商务旅行卡等举措的基础上，提高商务访客的灵活性。落实《亚太经合组织结构改革新议程》《2016 年亚太经合组织结构改革与服务经济政策报告》和《环境服务行动计划》，以促进环境服务的自由化、便利化合作。依据商定的《与制造业有关的服务行动计划》，逐步促进与制造业有关的服务自由化。支持教育领域的合作，根据国内教育体系共享与经济体教育标准、资格及与学分制度相关的信息，探索构建相互承认的学籍管理制度（从东盟资格参考框架等措施中学习），以促进实习计划、海外学生交流计划和合作政策的实施，有关经济体可通过普惠金融参与亚太地区基金护照计划，支持跨境提供某些金融服务，根据《APEC 互联互通蓝图》开展空中、海上和陆运以及信息交流技术基础设施建设工作。在 APEC 旅游战略计划工作的基础上支持 APEC 发展旅行和旅游业以实现可持续和包容性增长。收集与服务相关的统计数据，以衡量和支持《APEC 服务业竞争力路线图》的实施，更广泛地改进对服务贸易投资的跟踪。

为实现《APEC 服务业竞争力路线图》目标，其应和相关实施计划被视为灵活的文件，可随时商定 APEC 范围内的其他行动。APEC 还将促进同步学习进程，鼓励有兴趣实施改革的经济体向具有相关经验和最佳做法的其他经济体寻求同步支持。亚太经合组织将改进对贸易和服务投资的衡量标准，以支持《APEC 服务业竞争力路线图》的实施和提高对关键问题的共同理解。当前的一件特别优先事项是制定更加完整的 APEC 指数（同时参考经济合作组织和世界银行等其他论坛已经制定的指数）以衡量 APEC 经济体的服务监管环境。

第三节　ASCR 的中期盘点

作为 ASCR 的一部分，亚太经合组织领导人同意在 2021 年对《APEC 服务业竞争力路线图》进行中期盘点，以评估到 2025 年需要采取哪些个体行动和集体行动来完成这些目标。亚太经合组织领导人和高级官员全面负责监测和评估 ASCR 的进展，并定期向部长们报告。高级官员同意亚太经合组织服务小组支持他们的盘点和实施的 ASCR 的行动，小组已要求 PSU 协助开展中期盘点工作。

在 ASCR 实施过程中，新冠肺炎疫情造成了前所未有的健康危机和经济危机。因此，中期盘点也为亚太经合组织提供了一个检验《APEC 服务业竞争力路线图》的机会，以更好地了解新冠肺炎疫情对服务业的影响，有利于亚太地区服务部门探讨构建更加适用于应对和适应新冠肺炎疫情后发展环境的政策措施。这些措施的影响在不同的服务子行业和供应模式中应有所不同，这一部分的见解可以为政策制定者提供关于如何支持服务部门从疫情中恢复的有用信息，为 ASCR 实施下一阶段服务工作提供最终意见。

一、中期盘点评估方法和注意事项

（一）评估方法

PSU 的评估方法依赖于 4 个主要的投入来源，即基线指标、综合行动矩阵、经济体的亚太经合组织结构改革议程下的个人行动计划和问卷调查。中期盘点同时利用定量指标和定性信息，以更全面的方式衡量实施 ASCR 的进展。定量评估依赖于 2017 年高官会的 ASCR 基线报告中提出的指标；定性部分使用论坛和经济体在各种文件中提供的信息作为盘点的调查问卷，各经济体在更新的亚太经合组织结构改革议程下的个人行动计划也作为盘点材料。

（二）中期盘点注意事项

为了采取更全面的方法，评估试图从质量和数量上确定进展，可将它们视为独立但互补或相关的部分，盘点过程中应注意到与这些见解相关的一般注意事项。

在讨论定量指标时，应该认识到这些指标可能受到论坛和经济体提供的定性信息以外的因素影响（例如行动矩阵中报告的活动），即使在活动对指标有影响的情况下，这些行动的结果也可能需要时间来反映在指标上。对这些指标的分析通常提供了一个区域视角，这可能与单个经济体的视角不同。事实上，在特殊情况下，亚太经合组织作为一个整体，其总分有所提高，但各经济体的分数却相反，应在相关的位置指出这种有分歧的情况。与此相关的是覆盖面问题，应该注意到的是：由于一些指标只有某些亚太经合组织经济体的数据，因此，分数的变化可能不能反映亚太经合组织的情况，如果数据的可获取性使得区域视角具有挑战性，应提供个别经济体层面的分析。

虽然这些指标为某些总体目标和亚太经合组织范围内行动的进展提供了一个很好的参考，鼓励了更深入的政策讨论，但它们并不详尽，因此，没有涵盖上述目标和行动的所有方面，例如在服务贸易限制方面，尽管经济合作组织和世界银行的服务贸易限制指数涵盖了一组很好的服务子行业，但没有涵盖所有的服务子行业。现有数据仍然可以反映出需要改进的领域供各经济体参考，从这一角度出发，这些指标应辅以从综合行动矩阵和调查问卷中收集到的定性信息加以制定。

二、《APEC 服务业竞争力路线图》目标进展

（一）通过逐步减少对服务贸易投资的限制，确保开放和可预测的服务市场准入环境

亚太经合组织的服务贸易限制指数确定了可能成为服务贸易障碍的监管政策。对于每一个被评估的部门，在 0（限制最少）和 1（限制最多）之间分配一个值，以表明政策的限制性水平。该指数评估了 5 种类型的限制，即对经济体外进口的限制、对人员流动的限制、竞争障碍、监管透明度以及其他歧视性措施（例如对其他经济体供应商的税收和补贴待遇）。

对比 2016 年和 2020 年的服务贸易限制指数分数可知（见图 4-1，分数越高表示限制性程度越高），一些部门变得更加开放，另一些部门变得更受限制；这表明，在支持服务贸易投资方面，该地区在提高开放程度的努力方面进展不一，变得更加开放的次级部门的分数下降了 0.2%（商业银行和快递），

为 2.7%（物流货物处理），在限制性更强的子行业中，公路货运的服务贸易限制指数得分增幅最大，为 1.6%，其次是会计 (1.3%) 和电影 (1.0%)。对 2020 年的数据进行分析表明（图 4-2），影响服务贸易的主要限制在各分部门之间有所不同。例如一些部门（如会计、广播和航空运输）的主要限制是非本经济体股权，而对于其他部门（如建筑和工程）则是影响人员流动的法规。空运、快递和铁路货运是 2020 年限制最多的子行业之一，这与 2016 年 ASCR 启动时的情况相同。由于这些物流和运输相关的子行业影响其他经济活动，如通过供应链加强这些物流运输相关服务的获取，提供将对其他部门产生溢出效应的信息。2020 年，工程和服务是限制最少的子行业，虽然各子行业的平均得分不同，但也应该注意到，各子行业的得分在亚太经合组织各经济体中差异很大，例如 2020 年工程服务的得分在 0.12 和 0.36 之间，而电信服务的得分则在 0.16~0.70。

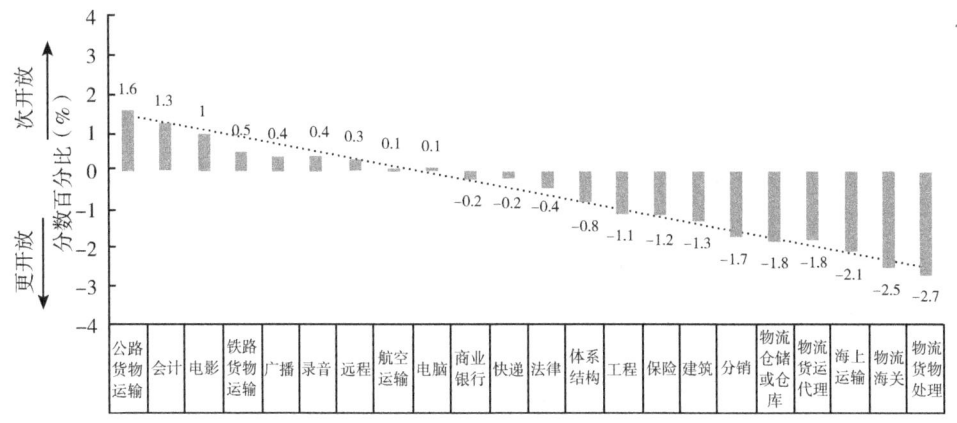

图 4-1　2016—2020 年亚太经合组织服务贸易限制指数得分变化

世界银行和世界贸易组织"可疑交易报告"也监测影响服务贸易的政策，但在方法上有所不同，相对于经济合作组织"可疑交易报告"，涵盖了更多的亚太经合组织经济体（19 个经济体对 14 个经济体）。根据世界银行和世界贸易组织的服务贸易限制指数所涵盖的服务一般可分为 5 类，即专业服务、电信服务、分销服务、金融服务以及运输服务。然而，自 ASCR 成立以来，只有一年数据可用（2016 年）。将亚太经合组织在世界银行和世界贸易组织服务贸易限制指数中的表现与经济合作组织集团的表现相比较可以看出，平均而言，

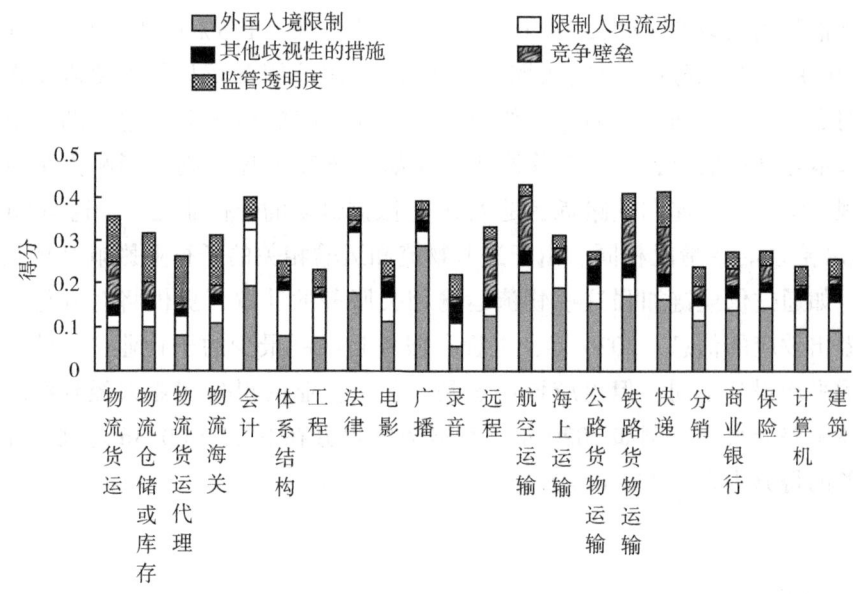

图4-2 2020年亚太经合组织的平均服务贸易限制指数得分

亚太经合组织在所涵盖的所有服务子行业中的限制都比经济合作组织多（图4-3）。与经济合作组织的服务贸易限制指数相似，APEC各经济体在各子行业的得分也有很大差异，例如个别APEC经济体在专业服务方面的得分从31.9到88.2不等，而分销服务的得分从16.8到71.1不等。

（二）提高亚太经合组织经济体的服务出口在世界服务出口总额中的份额，以便到2025年超过目前在世界服务出口中的份额

商业服务的出口可以说明该地区的服务竞争力。世界贸易组织的数据显示，亚太经合组织经济体的商业服务出口已从2016年的1.95万亿美元增加到2019年的2.31万亿美元（图4-4）。2019年的前3位贡献者分别为美国（8 530亿美元）、中国（2 820亿美元）、新加坡（2 050亿美元）。尽管2016—2019年亚太经合组织的商业服务出口逐年增加，但同期亚太经合组织在世界服务出口总额中的份额略有下降，从2016年的38.8%下降到2019年的38.1%。这意味着，尽管2016—2019年亚太经合组织的商业服务出口在名义上有所增加，但同期世界其他地区的商业服务出口增幅都超过了亚太经合组织。

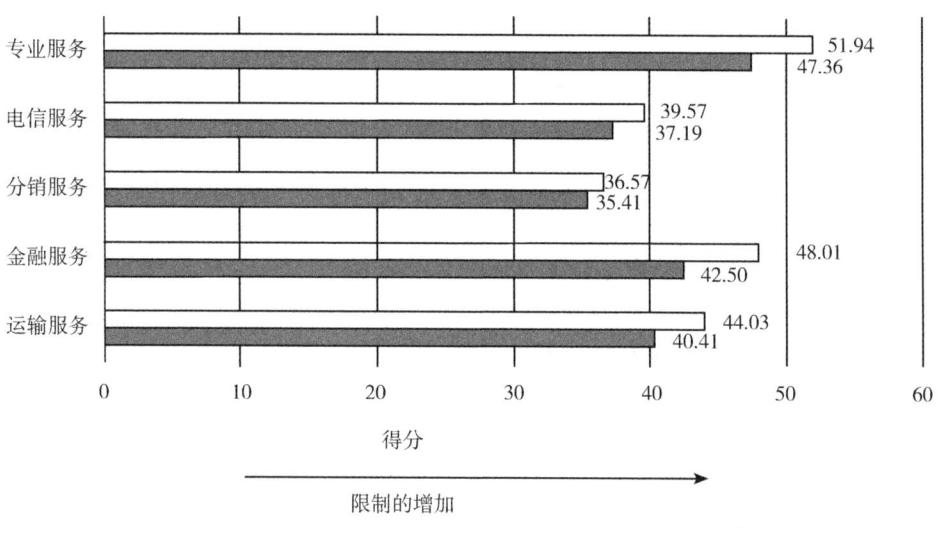

图4-3 世界银行和世界贸易组织在选定服务分部门的服务贸易限制指数比较

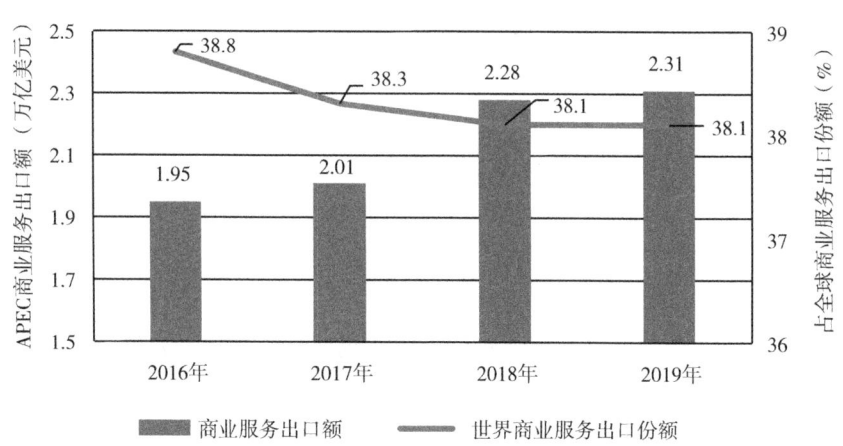

图4-4 亚太经合组织经济体的商业服务出口额及其占全球份额

（三）增加亚太经合组织地区的服务贸易，到2025年，复合平均年增长率超过历史平均水平的6.8%，且服务部门增加值在亚太经合组织地区总GDP中的份额（%）超过全球平均水平

商业服务贸易和服务业增加值在其GDP中的份额表明了该地区的服务竞争力。在商业服务贸易方面，世界贸易组织的数据显示亚太经合组织从2016年的3 927 133亿美元增加到2019年的4 579 980亿美元（图4-5），年复合增长率为5.3%，低于历史水平的6.8%。深入分析表明，这种较低的年复合增长率是由于2019年商业服务贸易值相对于2018年只增加了1.1%。事实上，与2018年相比，2019年的商业服务贸易值有所下降；2016—2018年的年复合增长率为7.4%，高于6.8%。

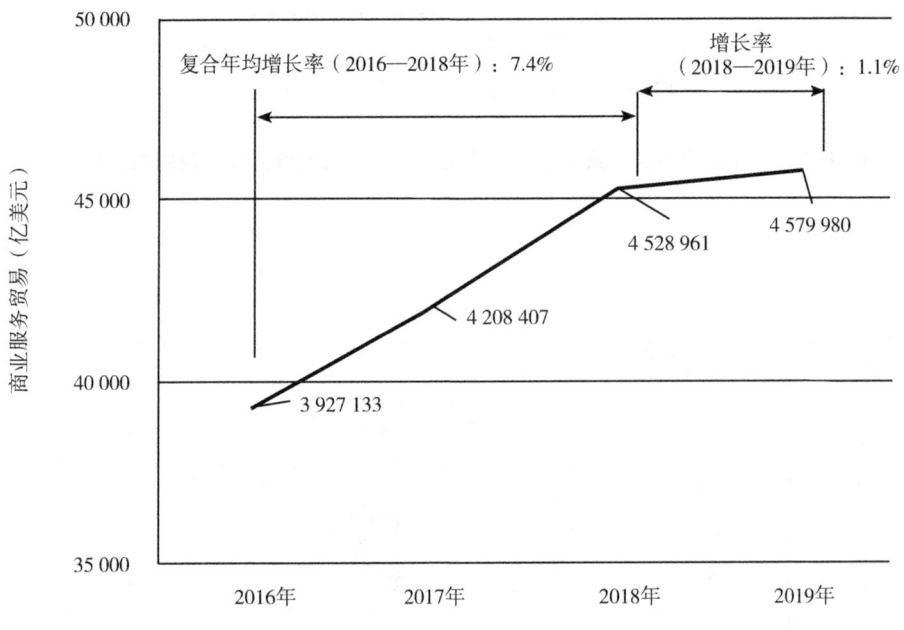

图4-5 亚太经合组织各经济体的商业服务贸易情况

各经济体为应对新冠肺炎疫情而采取的遏制措施导致贸易值大幅下降。在2020年前三个季度，亚太经合组织经济体的商业服务贸易值仅为2019年同期的76.3%。除非2020年第四季度的价值有显著增加，否则2020年全年的贸易值极有可能低于2019年的水平。因此，2016—2020年的年复合增长率可能会低于5.3%。

关于服务业增加值的 GDP 份额，亚太经合组织的数据显示，2019 年该地区的平均表现（65.7%）继续超过世界平均水平（65.0%）（图 4-6），2016 年的情况也是如此，亚太经合组织和世界的份额分别为 66.3% 和 65.4%。值得注意的是，相对于 2016 年，2019 年亚太经合组织的份额有所下降，但亚太经合组织与世界平均水平之间的差距已经缩小。

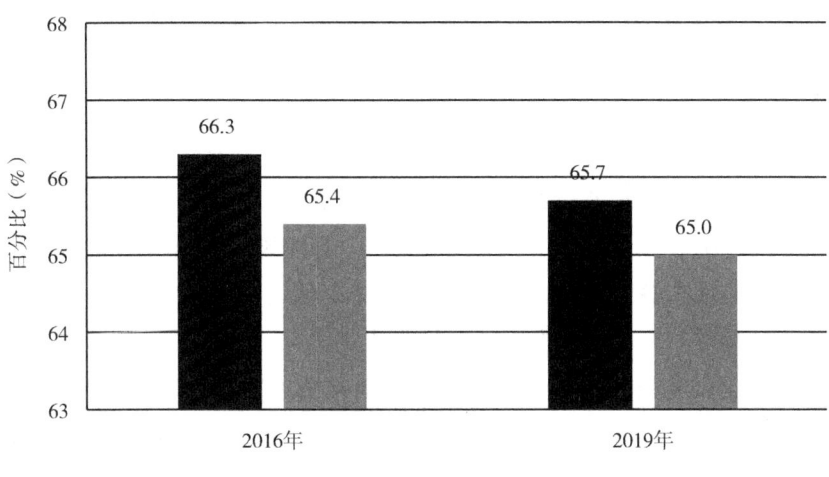

图 4-6　服务业增加值占 GDP 的百分比

三、亚太经合组织关于 ASCR 的集体行动和单独行动

（一）ASCR 的集体行动

对高频贸易投资数据的盘点结果显示，新冠肺炎疫情与其他经济冲击不同，它在经济部门层面上的影响是非常异质的，因为它结合了供应和需求两方面，对服务业部门有特别的影响。虽然经济冲击很大，但 APEC 地区有一个强大的框架，可以支持新冠肺炎疫情后的经济复苏。

1. 根据《促进全球价值链发展与合作战略蓝图》加强服务贸易在全球价值链中的关键作用

物流维护和商业服务对全球价值链的运作尤为关键。在亚太经合组织的背景下，考虑到许多中小微企业和 2/3 的妇女都在从事服务活动，加强服务作用的使命在促进包容增长方面具有更大的意义，特别是在中小微企业和妇女中。多年来，亚太经合组织推出众多支持全球价值链发展和促进服务业在全球价值链中作用的举措，如亚太经合组织《2020—2025年促进全球价值链战略蓝图》（蓝图2.0），还开展了众多相关活动，以支持这些举措的实施。亚太经合组织的努力值得称赞，但中小微企业参与全球价值链的结果参差不齐，表明有必要连续支持该领域的发展。

2. 在亚太经合组织建筑师和工程师登记册等举措的基础上支持专业人员的跨境流动

APEC各经济体可通过加强跨境劳动力流动和相互承认专业标准来提高劳动力市场的效率和生产力，从而进一步刺激贸易。亚太经合组织为政策制定提供了支撑信息，开展了众多研究和研讨活动，以改善特定行业可对比数据的可用性和可获取性，提高对各种相互承认的技能和工作资格的有效认识，探索建立职业标准参考框架。尽管这些举措是朝着正确方向迈进，但对现有指标的分析表明，亚太经合组织可以做得更多。

3. 在亚太经合组织商务旅行卡等举措的基础上提高商务访问者的灵活性

亚太经合组织商务旅行卡通过简化入境程序为成员经济体之间的短期商务旅行提供了便利，有利于扩大一个公司的经营范围。商务旅行合作小组正在推出亚太经合组织商务旅行卡在线申请系统和手机应用程序，以加快卡片的发放和使用，进一步提高便利化程度。

4. 制定一套关于服务部门内部法规的好方法与原则

过度监管可能会阻碍经济增长和竞争力的提高，国内监管有助于各经济体实现政策目标和防止过度监管，并确保服务部门按照公共法规顺利、合法运作。认识到这些因素需要平衡后，亚太经合组织通过了《亚太经合组织服务部门内部监管非约束性原则》，为此还举办了各种讲习班，以帮助APEC各经济体理解该原则。亚太经合组织服务贸易限制指数数据显示：整体地区大多数服务部门的监管透明度有所提高，但仍有改进的余地，例如签证申请和注册公司所需程序需要更加顺畅。

5. 实施《亚太经合组织结构改革新议程》，落实《亚太经合组织经济政策报告》中关于结构改革和服务的内容

服务业竞争力和更广泛的经济措施之间有重大关联，促进服务部门的结构改革是其重要的组成部分。为响应结构改革部门部长们关于实施单边改革

的号召，亚太经合组织各经济体提出了相应的优先事项和行动，直接或间接地优化了各类服务部门在亚太经合组织层面上采取的一些举措。

6. 落实《环境服务行动计划》，促进环境服务自由化和便利化合作

可持续发展对于保障亚太地区所有人民和后代的繁荣至关重要，通过举办能力建设讲习班和公私营对话来促进环境服务贸易的自由化和便利化合作是推进可持续发展的一种方式。《环境服务行动计划》部分倡议旨在概述各经济体目前使用的监管措施的相关研究和特定环境下分部门的相关研究，《环境服务行动计划》的中期和最终盘点强调需要对环境服务进行定义和分类，并构建相应的监管措施和实践原则，以保障《环境服务行动计划》的顺利完成。

7. 通过实施和利用商定的《制造业相关服务行动计划》，逐步实现制造业相关服务的自由化和便利化

制造业"服务化"可以推动制造商创新，使得其更具竞争力。亚太经合组织为了应对制造业"服务化"制订了《管理行动计划》；开展了各种研究，召开了很多研讨会，旨在放宽对亚太地区有利于促进与制造业有关的服务业务的监管。《制造业相关服务行动计划》的中期和最终盘点都侧重于投资、劳动力和相关政策等领域。亚太经合组织服务贸易限制指数显示：亚太经合组织在协助制造业服务自由化方面进展不一，应针对性地加强对投资、劳工和相关政策方面的合作。

8. 支持教育部门的合作

2016—2018年，亚太经合组织内部的入境学生人数稳步增加。2019年，新冠肺炎疫情使得亚太地区各经济体之间教育部门的合作面临前所未有的挑战，政策制定者和私营部门协同制定创新性的解决方案是克服这些挑战的有效举措，也是区域一体化的关键支柱。教育部门主持的学生交流合作项目和相互承认跨国界或地区的教育标准与专业资格有利于促进专业知识的汇集和跨文化意识的增强。亚太经合组织为推动这一领域的进展开展了多方面的工作，例如评估亚太经合组织各经济体对全球人才的需求而制定的相应政策措施及数字能力建设，各机构可利用这些政策和能力使课程与行业需求保持一致，以促进研究人员在本地区的流动。

9. 合作应对互联网技术快速发展带来的问题，以促进监管，提供适当的审慎监督、保护消费者安全，同时在一个日益数字化的世界中实现贸易相关数据的流动

数字经济在带来发展机遇的同时也带来了一系列新的发展挑战，例如数字不平等、数据隐私、网络安全和在线错误信息等。加快跨境隐私规则和数据处理者隐私识别的进展可以进一步支持数字经济的有效运作，利用数字经济机遇在多个方面开展活动以克服挑战是当前的重点研究领域，各经济体可以就此问题开展多方对话，以使决策者更好地了解与数字经济有关的问题，从而建立跨境隐私规则和隐私认可系统。截至 2021 年 6 月，9 个经济体和 40 家认证公司已加入跨境隐私规则，2 个经济体和 23 家公司参加了隐私认可系统，20 个经济体制定了有关于电子交易和网络犯罪的法律，18 个经济体制定了与消费者隐私保护和数据保护有关的法律。

10. 根据每个经济体的实际需要、内部情况和法规，支持部分跨境金融服务，让有关经济体参与到"亚太地区基金护照计划"中来

提供跨境金融服务可以加强经济体经济增长和包容性发展引擎的关键作用。2019 年 2 月 1 日正式启动的"亚太地区基金护照"是加强本地区金融市场竞争力的重要举措，目前该计划成员经济体有澳大利亚、日本、韩国、新西兰和泰国，参与的经济体已经准备好接受内部护照基金的注册申请和其他经济体护照基金的进入申请。尽管取得了一定的进展，但到目前为止，在"亚太地区基金护照"合作框架下还没有产生任何交易。比较 2016—2020 年间亚太经合组织服务贸易限制指数平均得分可知，亚太经合组织在商业银行和保险部门的得分仅略有提高，表明该领域的发展受限，需要各经济体共同参与进来才能从本质上解决问题。

11. 支持亚太经合组织根据《亚太经合组织互联互通蓝图》发展海陆空交通网的相关工作

高效的运输网络带来许多好处，例如改善与国际市场的链接、降低物流成本、加强对全球价值链的参与等。亚太经合组织已经开展了一些旨在帮助各经济体了解私人投资者和开发商对交通基础设施项目的投资决定的讲习班和研究活动，以加强各经济体对亚太地区各经济体交通技术的相互了解，从而促进该部门工作效率的提高。亚太经合组织交通部门服务贸易限制指数得分的提高证明了其中一些努力正在取得成果，与2016年相比，2020年的物流部门以及海运和快递服务的限制已经减少，但在同一时期航空运输、公路货运和铁路货运的限制却有所增加，例如外资股权限制、许可配额限制和跨境数据流限制等。

12. 在《亚太经合组织旅游战略计划》的基础上支持旅游发展，以促进可持续和包容性增长

旅游部门是许多经济体经济增长的重要来源，特别是在亚太经合组织的背景下，旅游业促进了经济体内部的生产总值和就业。亚太经合组织应继续推进旨在最大限度地发挥该部门潜力的相关举措；明确中小微企业在旅游部门面临的挑战；确定旅游接待部门试行职业标准的框架。从进入亚太经合组织的国际游客人数和收入的分析可知，2016—2019年，亚太地区国际游客人数和收入都呈上升趋势；旅游业对经济体内生产总值和就业的贡献度有一定的提高。新冠肺炎疫情很可能掩盖这一领域取得的进展，相关部门或机构必须努力引导该部门的恢复工作。

13. 完善服务数据统计，衡量和支持《APEC服务业竞争力路线图》的实施，并更广泛地完善对服务贸易投资的跟踪

一个明确的、精心设计的衡量框架和可靠的、可比较的定期更新的统计数据库对于政策制定者制订计划和做出更明智的决定至关重要。亚太经合组织开展了各种相关的活动，旨在提高该地区衡量服务贸易投资的统计能力，例如开发亚太经合组织增值贸易数据库，开展亚太经合组织指数试点项目。尽管取得了一些进展，但仍需做出更多努力，如此可以更广泛地改善本区域服务数据的可用性。

14. 逐步推动区域粮食系统服务的改善，以确保亚太区域都能获得安全、优质的粮食供应

服务是食物系统的重要组成部分，支撑着食物价值链的各个阶段，并确保全整体系统的顺利运作。亚太经合组织开展相关活动，旨在促进食物系统中的各个环节获得关键服务。2019年的一份报告就提供各种服务的监管环境如何促进或阻碍食物价值链和系统的发展提出了相关见解。联合国粮食及农业组织的数据显示，虽然有5个经济体的营养不良发生率有所下降，但有4个经济体的营养不良发生率有所上升，全球新冠肺炎疫情进一步恶化了该领域

的发展态势,这对该领域的相关工作提出了更高的要求。

15. 加强内部和地区能源安全,降低全区域能源供应和使用的碳密度

现代经济的成功取决于可靠和有效的能源供应。亚太经合组织各经济体应努力优化当前的能源利用结构,并开发替代能源。2014—2018年执行能源工作组把能源效率政策汇编和侧重于清洁能源在运输和抗灾等领域应用研讨会作为战略计划的一部分,已顺利完成;2019—2023年的新战略计划旨在通过进一步加强能源抗灾能力和能源获取能力建设,这在一定程度上扩大以往的工作范围。亚太能源研究中心提供的数据显示:可再生能源在一次性能源供应总量中的份额由2016年的6.4%增加到2018年的6.9%;同期可再生能源在最终能源消费总量中的份额由2016年的8.0%增加到2018年的8.6%。这表明亚太地区清洁能源方面的工作取得了一定的进展,能源利用结构逐渐优化。

16. 研究下一代贸易投资问题对模式3① 服务贸易的影响

模式3的服务贸易占跨境服务贸易的一半以上。研究下一代贸易投资问题对模式3贸易的影响可以为各经济体提供参考,以制定更有利的政策。截至2021年3月,亚太经合组织部长们已经选择了5个下一代贸易投资问题以进一步采取行动:一是促进全球供应链稳定发展;二是加强中小企业在全球生产链中的参与;三是促进有效的、非歧视的和市场驱动的创新政策;四是区域贸易协定/自由贸易协定的透明度;五是供应链/价值链中与制造业相关的服务。对各种指标的分析表明,亚太地区在促进跨境投资方面仍然具有竞争力。世界银行经商便利度指标数据表明,从整体看,2019年在亚太经合组织从事商业活动比2016年更快捷、更便宜,各经济体也在继续扩大彼此间的协议数量。尽管如此,仍有更多的工作要做,例如协调区域贸易协定或自由贸易协定的条款,使其更支持下一代企业和投资者。

17. 支持创新型中小微企业的发展和参与数字经济

世界银行关于中小微企业使用网站、电子邮件和支票及储蓄账户等数字工具的数据显示,亚太地区需努力缩小该地区的数字鸿沟。鉴于中小微企业在各种措施中的重要性和数字经济带来的机遇,亚太经合组织正在努力支持数

---

① 模式3涉及医疗卫生部分外国子公司的销售。

字经济中的创新型中小微企业发展。为此，中小企业工作组在2017—2020年战略行动计划中专门强调了创新、创业和数字经济的重要性。除此之外，中小企业工作组还组织了各种研讨会和公私对话，旨在促进中小企业的创新和推动中小微企业参与数字经济的能力建设。2021—2024年的新战略行动计划在此基础上重点关注了融资渠道和替代性金融解决方案等问题。

18. 加强信息交流基础服务设施建设

通信技术改变了全球经济，推动了技术进步，使企业更具竞争力，其在全球经济中的重要性在新冠肺炎疫情大流行中得到了印证。电子信息工作组解释了信息交流技术的潜力和风险；采取了各种有利于加强信息交流技术基础服务设施建设举措；组织了关于网络威胁的能力建设研讨会；举办了关于区块链和物联网等新兴技术的对话和研讨会来促进信息交流技术的创新，以鼓励企业和政策制定者积极开展旨在提高信息交流技术系统的安全性和复原力的相关工作。国际电信联盟的指标显示，电信服务的改善使得亚太经合组织使用互联网的人更多。在此基础上，各经济体还需加倍努力，以解决持续存在的数字鸿沟问题。

19. 为包括服务在内的创新活动创造有利环境，以提高其对经济增长的贡献

科学技术创新有利于推动经济增长、创造新的机会和为企业创造持续的竞争优势提供催化剂，在第四次工业革命和新冠肺炎疫情推动的新常态下更是如此。在此背景下，需要一套新兴知识、技术、工艺和产业来支持和振兴本地区的贸易增长。科技信息伙伴关系论坛率先通过组织开展讲习班和专题讨论会，在该地区培养有利于创新的环境，积极鼓励科技创新，建立公共组织和私人伙伴关系，以促进科技创业，加速科技知识和专利的商业化。此外，科技信息伙伴关系论坛还定期举行政策对话，并将其作为公共和私营部门、学术界和政府的科技创新主要参与者之间的联系与合作平台，以确保在制定科技创新政策的过程中保持对话；确保科技创新活动的相关性和利益相关者的需求。亚太经合组织的平均研发支出占国内生产总值的比例从2016年的2.39%上升至2018年的2.44%，大多数亚太经合组织经济体的女性研发人员比例都在增长，这使得亚太经合组织的研发工作变得更加包容。

（二）ASCR的经济体单独行动

从亚太经合组织结构改革议程下的个人行动计划和各经济体提交的后续更

新的资料分析可知，许多经济体的服务部门具有潜在积极影响的优先事项和行动一般可分为两大类：一是没有明确指出服务业是其主要重点和受益者，但通过改革会对服务业产生积极影响的优先事项和行动；二是明确指出服务业或特定次级部门是其主要重点或受益者的优先事项和行动。亚太经合组织具体的一般优先事项和行动如下。

1. 加强监管改革

优先事项和行动旨在解决监管改革领域存在问题，因为改革所促进的商业行为将使许多企业受益。例如在改善竞争和减少行政负担的优先事项下，澳大利亚成立了一个新的放松管制工作组，从企业的角度审查法规，并提出解决方案。文莱进行了一些法律和监管改革，以使创业更容易、快捷。智利启动了"监管简化"议程，以减少官僚主义，消除过时的法规，从而提高生产力和竞争力。中国创造更有利的创业环境，中央政府改善了公共服务，简化了行政管理，向下级政府下放了更多权力。印度尼西亚启动了一个在线单一提交许可系统，以减少冗长的程序，其通过的16个经济政策包放松了对大约222项法规的管制。日本统一了商业和年度证券报告中重叠的披露要素，以加强公司治理。马来西亚为了加强政府和私营部门在政策制定方面的参与，发布了相关通告、政策和指南，例如《在线公众咨询通告》《经济体法规制定和实施政策》和《公众咨询程序指南》；还开展了关于丰富互联网程序的年度能力建设，并定期发布《法规现代化年度报告》和与利益相关者分享监管环境的改善方法。墨西哥公布了《改善监管总法》，以促进《改善监管经济体政策》的实施。新西兰监管机构只有在评估相关的区域时才会出台新的政策。巴布亚新几内亚推出"一站式服务"倡议，简化了商业法律法规，使企业更容易获得法律法规的保护。秘鲁计划建立监管改革委员会，作为新法规的把关人。菲律宾通过"废除项目"减少了不必要的监管负担。俄罗斯扩大了对互联网程序领域的监管，并实施了"监管断头台"机制，以审查对商业环境有不利影响的法规、减少监管负担。中国台北加强了公众咨询工作，以促进良好的监管实践。泰国推出在线电子公司注册系统（E-Registration），允许企业主在网上注册公司，并在所有10个经济特区建立了一站式服务中心，以促进投资。越南分享了其通过的第02号和第19号决议，在一定程度上使经商指标的各个要素得到了显著改善。

2. 构建更具竞争力的劳动力市场

在优先事项或行动中受益的企业或服务提供者是那些旨在从事使社会各阶

层和更广泛的劳动力市场更具竞争力的企业或服务提供者,例如澳大利亚推出"工作家庭儿童保育一揽子计划",使儿童保育更加方便、灵活,并以此支持劳动力参与工作;此外,还推出"青年就业一揽子计划",对青年展开就业前技能培训和商业实习,以使青年在劳动力市场上更具竞争力。加拿大推出的青年就业和技能战略旨在提供全面、灵活的支持,帮助15~30岁的青年发展他们在劳动力市场取得成功所需的技能和工作经验,强调对可能面临就业障碍的青年作出回应,使其可以享有包括就业前的技能发展、工资补贴和个性化的支持,例如儿童护理和特定文化的支持或服务。文莱成立了人力就业委员会和人力行业指导委员会,制定和提供了有效的人力规划,促进了就业能力与就业的紧密结合,以解决能力和岗位不匹配的问题;还确定了酒店和旅游、信息和通信技术、海洋、能源和建筑五个优先考虑行业。智利推出公私合营的"数字人才"倡议,旨在培训失业者和需要新技能的人,以便留在自动化程度高的工作岗位上,此外,还修正了《劳动法》,以促进工作与生活的平衡,提高妇女的参与度。中国香港推出了高等教育就业信息电子平台,加强了对受过高等教育的求职者的就业支持和补贴,修订了《香港规划标准与准则》的相关部分,增加了全日制幼儿园的名额,以使更多的父母能够参与到劳动力市场中去。日本增加了托儿安排相关政策,并根据《促进女性在工作场所的参与和职业发展法》制定了一些举措,以赋予妇女权力,使她们能够更好地参与到劳动力市场中去。韩国采取了一些举措提供全面的护理服务(如职业咨询、职业培训、实习)和建立妇女再就业中心,以支持妇女的技能发展和就业。菲律宾将其技术与职业教育培训重新定位为具有全球竞争力和促进社会公平,并传授新兴技术和新成立公司等领域所需的技能,这迎合了自营职业者的需求。越南在教育中推动实施科学、技术、工程和数学模式,优化了人才培育结构,促进了相关行业的发展。

3. 提高中小微企业的竞争力

中小微型企业在大多数经济体的企业中占有相当大的份额,许多企业还参与了服务活动。因此,提高中小微企业竞争力的优先事项和行动将对服务部门产生积极影响。智利颁布了《30天付款法》,将债务人收到发票后的最长付款期限从60天缩短到30天。印度尼西亚推出人民商业融资计划,金融机构向中小微企业提供贷款,其中,政府补贴70%并提供担保。马来西亚推出中小企业综合行动计划,通过产出结果评估、协调、简化、监测中小企业发展计划的进展和效果。菲律宾创建了一个更全面的信贷信息系统，并为借款人提供替代抵押品，以增强中小微企业获得金融服务的机会，从而提高其竞争力。美国小企业管理局为企业家和小企业主提供指导、商业咨询和培训援助。俄罗斯中小型企业局开发了中小企业商业导航信息资源门户网站，中小型企业局和俄罗斯中央银行为中小企业提供担保和金融支持，以协助企业家开始或扩大他们的业务。中国台北建立了一个全面的生态系统来帮助中小微企业提高信息、通信技术利用和参与数字经济的能力，并致力于为中小微企业的成长和发展培育良好的环境，以更好地促进其发展和走向国际化。

4. 促进创新

促进创新是各经济体的优先事项和行动，其对参与服务部门的企业会产生巨大的积极影响，例如创新活动可以潜在地促进新产品和服务的开发与供给，从而使服务企业更具竞争力。在这方面，澳大利亚承诺提供额外资金投资超级计算机、人工智能和机器学习等方面，澳大利亚创新科学局负责分析经济中开展研发活动和非研发创新的障碍；加拿大通过建立战略创新基金来支持整体经济领域的创新发展，还盘点了阻碍高增长部门（卫生和运输等服务相关部门）创新增长的监管要求和做法，并推出监管路线图来解决这些问题；智利重新制定了关于研发税收优惠政策的法律，并允许一些中小微企业使用这些优惠政策，这为企业投资研发提供了便利的资金支持。

5. 鼓励投资

各经济体确定了旨在鼓励投资的优先事项和行动，这可能对服务业特定相关部门和更广泛的经济产生积极影响。澳大利亚出台了 10 年企业税收计划和小企业一揽子计划（降低公司税率、税收折扣和资产购买的即时扣除），旨在鼓励企业投资和创造就业机会。日本的外国直接投资促进委员会下属的修订行政法规程序工作组讨论了阻碍外国投资的问题，并在 2017 年的一份报告中汇总了这些问题，以供进一步研究；2018 年启动了"日本地区外商直接投资支持计划"，以吸引外商直接投资来助推地区振兴；2019 年通过《日本地区密集吸引外商直接投资计划》向重点地方政府提供支持。新西兰的投资吸引战略希望吸引更高水平的商业投资来加速经济增长。俄罗斯出台的鼓励投资方面的法律获得批准，使得联邦和州一级政府实体与私营企业之间缔结的协议更加规范。

6. 增加基础设施建设支出

基础设施建设支出有可能提高服务部门的竞争力。例如拓宽宽带接入可以更广泛地获得数字服务；道路和港口基础设施的改善可使物流部门更具竞争力。加拿大基础设施银行正积极与各辖区的私营部门共同探索构建创新的融资解决方案，以促进交通运输、绿色基础设施和宽带等领域的贸易投资。越南改善了公共投资项目的评估以及社区对公共投资项目的监督。日本推出公私伙伴关系行动计划和私人融资倡议行动计划，确定了几个优先领域（机场、道路、大会和展览设施），以扩大私人对公共服务的参与。新西兰的超高速宽带倡议为80%的新西兰人带来了更快、更好的互联网体验，其中包括家庭、学校和企业等。巴布亚新几内亚2018年初在公报中公布了《公私伙伴关系法》，目前正在建立公私伙伴关系中心。菲律宾正在实施经济体宽带计划和部署光纤、电缆和无线技术，以提高经济体的互联网速度和可负担性。美国正在扩大宽带建设，努力为创新提供一个强有力的环境支持。

7. 改善市场准入

改善市场准入是若干优先事项和旨在推进行动的另一个领域。从商业角度来看，自贸区、区域贸易协定和其他旨在促进市场准入的机制可以减少或简化经济体之间的贸易法规，从而使其他经济体供应商公平竞争。澳大利亚、加拿大和日本共同指出，《跨太平洋伙伴关系全面进步协定》是他们计划推进的自贸协定之一。加拿大提到的其他自贸协定包括《加拿大—欧盟全面经济贸易协定》和《美国—墨西哥—加拿大协定》。日本提供了其与亚美尼亚、约旦、摩洛哥和阿拉伯联合酋长国等合作伙伴签订的各种投资协定的最新情况。韩国指出，它与5个中美洲经济体（哥斯达黎加、萨尔瓦多、洪都拉斯、尼加拉瓜和巴拿马）的自贸协定已经生效，并且正在就几个自贸协定进行谈判，还在研究升级现有的自贸协定，例如《韩国—东盟自贸协定》和《韩国—印度自贸协定》。

8. 对服务的优先事项和行动制定实施计划

在金融领域，加拿大对金融部门进行了立法审查，以确保立法和监管框架在新的趋势和发展中保持平稳和技术健全。为促进经济中金融技术生态系统的健康发展，中国香港提出了各种措施，这些措施包括开放与全球金融创新网络的跨境测试申请；允许金融机构在不完全符合现有监管要求的情况下进行金融技术举措的试点试验，以便业界在多个司法管辖区内试验和推广新的金融技术解决方案和各种金融技术监管。中国台北除 2018 年建立的金融科技监管"沙盒机制"和加速器"金融科技空间"之外，2020 年还推出了《金融科技发展路线图》，旨在通过促进信息共享、监管调整、能力建设、数字基础设施建设、国际网络和超级技术的发展，培育一个友好的生态系统，以提供更有效率、更方便、更实用、更优质的金融服务。新西兰通过的《2019 年金融服务立法修正案》为金融咨询建立一个更公平的竞争环境，促进了该行业的投资。巴布亚新几内亚正在建立金融部门发展战略治理结构，以便在全面建立后实施金融部门的改革。在物流部门，印度尼西亚增加了保税物流中心的数量，保税物流中心除储存工业原材料外还承担航空货运中心和浮动存储等功能。在医疗保健领域，日本正在研究利用物联网提供个性化的医疗保健服务，并通过采用机器人和实时传感器等技术提高护理的质量和生产率。在旅游部门，日本正在审查法规和限制，努力使旅游业更具生产力和竞争力。新西兰制定了《新西兰—奥特亚罗瓦政府旅游战略》，以促进旅游业的生产性、可持续性和包容增长。

四、新冠肺炎疫情对服务部门贸易的影响和意义

随着新冠肺炎疫情造成的人道主义危机的演变，服务部门及相关企业正在努力解决如何继续为其客户和世界各地的社区提供服务这一问题。这项任务对严重依赖人际交往的行业来说具有独特的挑战性，减少非必要的操作和有限的接触是保护人类健康的根本，这些组织如何继续接触客户和满足他们的期望是当前最大的困扰。决策者面临的挑战与 2008—2009 年全球金融危机不同，就贸易表现而言，服务业比商品贸易更好地经受住了危机考验，与商品贸易相比，新冠肺炎疫情造成的经济压力对服务业来说要严重得多，因为公共卫生风险的增加，人际交往变得更加困难。此外，服务提供者采取的应对措施一直在创新，这些动态信息对亚太地区的服务生产和贸易产生了重要的影响。

（一）新冠肺炎疫情的影响：冲击、反应和适应

从服务的角度来看，新冠肺炎疫情引起了两种冲击，影响了生产者和消费者会面。首先是交流方面，为了应对当面交流风险的增加，人们的偏

好显然发生了变化,各方越来越倾向于在可能的情况下不进行当面交流;其次是监管方面,许多经济体已经限制了人们线下会面,特别是为此目的而进行的跨境旅行,亲自会面变得不那么可取,而且从监管的角度来看也更加困难。在世界许多地方,商业会议、谈判和信息交流已经系统地转移到网上,但前提是要有必要的基础设施和服务做支撑。相对于负面效应,正面效应的效果更加难以预测,根据现有的数据,两个变量之间的相互作用(经济体的专业化模式)将是决定新冠肺炎疫情对整体经济冲击大小的主要因素。

1. 新冠肺炎疫情的贸易影响:从高频数据中得到的启示

图4-7显示了APEC成员经济体的服务出口和进口总额。这两个系列数据的跟踪非常密切,并与预期一致。2019年期间服务出口和进口总额呈现温和的上升趋势,但随后在2020年的前两个季度急剧下降,到第三季度才略有恢复。因此,新冠肺炎疫情的影响是显而易见的——总额下跌与新冠肺炎疫情的发展时间相吻合。2020年第三季度的贸易额(出口+进口)即使在小幅反弹之后仍然比2019年第三季度的数据低,很显然,新冠肺炎疫情对亚太经合组织的服务贸易产生了重大影响。

为了进一步提供这些结果的细节,图4-8显示了部分向世界贸易组织报告的APEC成员经济体的每月贸易数据,所有经济体的出口都表示为同比变化的百分比,与每个经济体的基线相比,其贸易流动的变化在新冠肺炎疫情盛行的背景下与图示一致——不同年份之间的变化在时间上存在差异。2020年初亚太经合组织服务出口明显下降,其中,澳大利亚下降42%,菲律宾下降49%,2020年末有复苏的迹象,但由于各经济体采取的应对经验和措施不同,使得效果也不相同——中国和韩国的服务出口增长;其他经济体服务出口仍有大幅下降,下降幅度在20%左右或以上。由此可知,新冠肺炎疫情至今仍会对APEC大多数经济体的增长造成严重影响。

根据金融时报私人数据库FDI Markets的数据显示,亚太经合组织内部宣布的服务业绿色投资总额下降了37%,新冠肺炎疫情投资的影响对区域内的联系造成了相对严重的冲击。文莱和印度尼西亚作为源头经济体,2020年宣布的服务业绿色投资大幅下降,作为这种投资的来源和接受方的菲律宾和泰国都受到了不利的影响。相比之下,中国台北和秘鲁在2020年宣布的服务业绿色投资额相比于2019年有大幅提升,尤其是中国台北,增加了159%。总

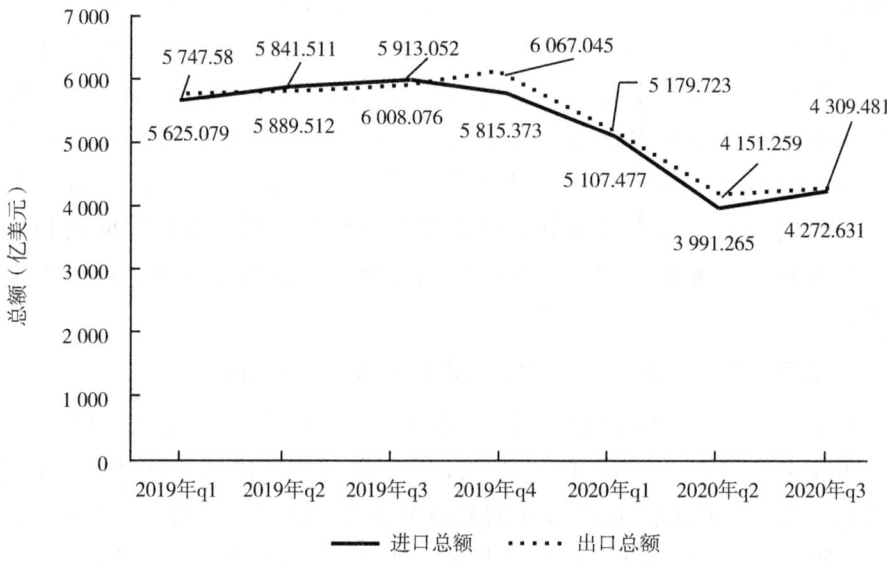

图 4-7　2019—2020 年亚太经合组织服务出口和进口总额（季度数据）

注：q 表示季度，q1 表示第一季度，依此类推。

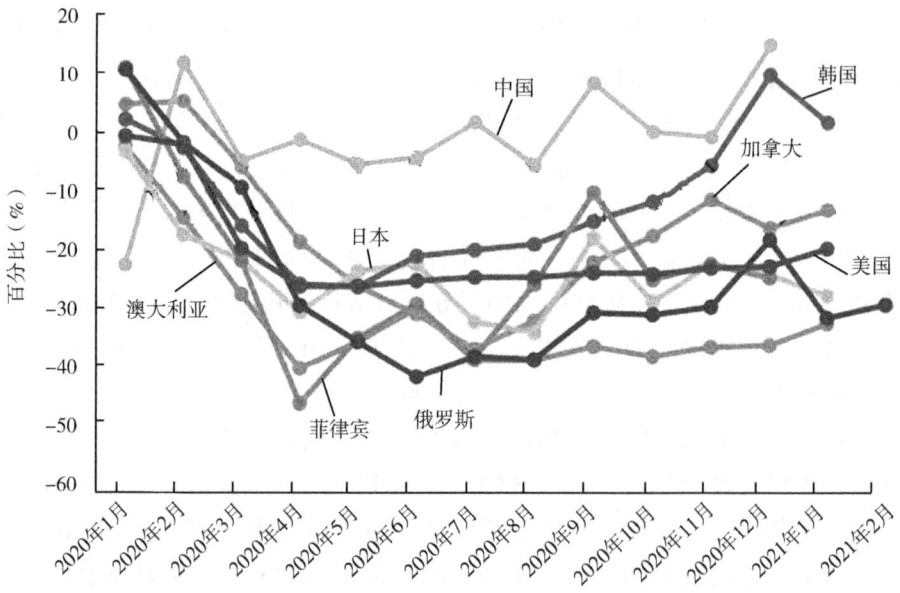

图 4-8　2020—2021 部分亚太经合组织经济体月度服务出口同比变化百分比

体而言，亚太经合组织成员在这项投资中的份额从2019年的44%下降到2020年的27%。按来源（向外）和目的地（向内）经济体分列的服务投资同比变化，并对区域内和区域外的所有合作伙伴进行了汇总。由此可知，亚太经合组织经济体的服务业内向投资和外向投资相对于2019年普遍下降，下降幅度达两位数以上。

美国是迄今为止亚太经合组织经济体中绿色投资的最大来源方和接受方，但美国宣布的服务业绿色投资只有约1/3是流向另一个亚太经合组织成员的。相比之下，2019—2020年中国香港、日本、新西兰、新加坡、韩国和泰国宣布的服务业绿色投资有一半以上流向其他亚太经合组织经济体。总体而言，亚太经合组织内部宣布的服务业绿色投资在亚太经合组织宣布的绿色服务投资总额中的份额从2019年的19.2%下降到2020年的16.4%。

在部门层面，通信、房地产和可再生能源占了亚太经合组织服务业投资总额的一半以上，与2019年相比，房地产部门2020年的投资额下降了41.2%。此外，2020年出现巨大跌幅的服务部门还有休闲娱乐、医疗保健、商业服务、酒店和旅游等部门。相比之下，生物技术领域宣布的绿色投资从2019年的22亿美元增加到2020年的54亿美元，增加了1倍多。

可再生能源部门是亚太经合组织宣布的服务业绿色投资的最大"接受者"，尽管2020年相对于2019年下降35%。酒店和旅游业在2019年宣布的亚太经合组织内部服务业绿色投资额为164亿美元，2020年骤降至31亿美元。可再生能源、房地产、通信和软件等部门是吸收亚太经合组织内部宣布的服务业绿色投资的主要行业，2020年与2019年相比，可再生能源、房地产和通信3个行业所占的服务业绿色投资额的比例有所下降；软件行业所占的服务业绿色投资额的比例有所增加，增幅为15%。

2. 新冠肺炎疫情的包容性：来自劳动力市场的证据

服务部门作为吸收就业的主要部门，任何中断都必然会对就业和收入产生影响。在许多经济体中，服务部门聘用了大量的女性，这意味着中断的影响是有性别差异的，女性受到的影响可能比男性受到的影响更加严重。在一些经济体中，部分服务部门为相对贫穷的人以及少数族裔提供就业。因此，也要从包容的角度来看待新冠肺炎疫情带来的影响。

鉴于新冠肺炎疫情对各经济体内部的贸易生产和销售造成的冲击，

APEC地区的就业也随之受到了重大影响。在总体水平上，国际劳工组织（2021年）估计2020年相对于2019年全球工作时间将损失8.8%，全球可能消失2.55亿个全职工作岗位，与这种就业变化有关的收入损失相当于全球GDP的4.4%左右，这是一个巨大的经济冲击。在总体水平上，国际劳工组织（2021年）表明，工作机会的丧失对女性的打击比男性更大。该报告估计，女性的总体就业损失为5%，男性的总体就业损失为3.9%。经济冲击很少是不分性别的，新冠肺炎疫情似乎也不例外。在此背景下，就业损失性别发生率的一个关键因素是妇女集中在服务部门，特别是那些需要亲自互动的部门。

3. 听取私营部门对冲击和应对措施的意见

所审查的数据是在经济部门的层面上描绘了新冠肺炎疫情对服务生产、贸易和就业的影响。但是，一个重要的额外层面是企业在当地的具体经验。世界银行向印度尼西亚、菲律宾、俄罗斯和越南的部分企业提出了具体涉及它们在新冠肺炎疫情期间经历的问题。结果的重点是相对于制造业的服务部门的数据，这些数据是基于随机抽取的企业样本的调查，随机抽取的企业样本由印度尼西亚约900家企业、越南500家企业、俄罗斯1 100家企业、菲律宾35 000家企业组成。

图4-9显示，在这4个经济体中，企业报告的销售额相对于前一年大幅下降，一些服务企业比制造商受到的冲击更大。除各部门之间的差异外，数据还显示了按公司规模类型（所有部门的总和）的影响带来的经济损失分析。就销售损失而言，除俄罗斯的微型企业和越南的中小型企业外，其他企业月销售额的平均下降与企业所属的类型相关。企业一直在探寻如何利用数字技术将销售活动转移至网上开展。政府大力支持企业通过直接付款、延长或免除税收以及工资补贴等方法对企业进行支持，且方法很普遍，在俄罗斯、菲律宾和越南有很大比例的企业报告显示，它们已经接受或将接受公共援助。国际贸易中心通过调查得出以下结论：①新冠肺炎疫情对全球的中小微企业都产生了重大影响，特别是在发展中经济体；②伴随着新冠肺炎疫情的是重大经济衰退，贸易生产和就业的收缩使得服务部门对这种衰退的感受尤为强烈。调查数据也揭示了危机的另一个重要方面，即企业和政府对这些挑战作出了积极的回应：一方面，企业采取了灵活的工作安排，并积极运用数字技术平台进行线上贸易；另一方面，政府采取措施支持了受影响的企业。因此，

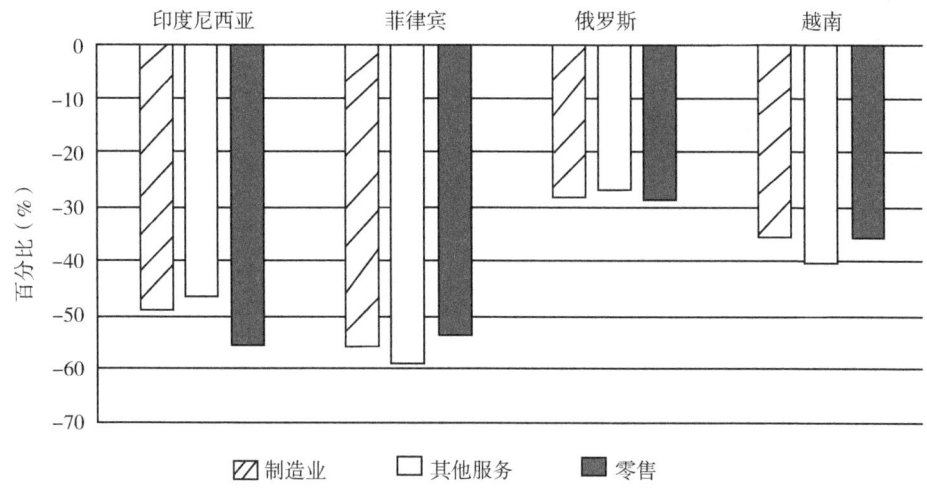

图 4-9　选定行业月度销售额相对于前一年的平均下降幅度

了解政府和企业对新冠肺炎疫情的反应是了解经济如何从急剧收缩走向复苏的重要部分，在一些经济体的高频数据中已经看到了这一点。

4. 不断变化的政策环境

全球金融危机爆发以来，全球贸易警示项目一直在对广义的贸易干预政策进行分类。全球贸易警报团队根据一套预先定义的政策对已宣布和实施的措施进行了分类，然后将其编码为自由化或"有害"的政策。在这种情况下，"有害"是指一项措施引起了对外部供应商的歧视。

表 4-1 显示了 2020—2021 年新冠肺炎疫情大流行期间亚太经合组织各经济体的政策变化对服务部门的影响分析。结果显示非本经济体直接投资方面有大量的自由化政策，劳动力市场方面自由化政策较少，全球贸易警示团队跟踪最多数量的政策变化与对企业的金融赠款和贷款有关，这些政策被归为"有害"类别，因为它们通常不提供给非经济体公司。虽然这些措施在某些情况下可能是歧视性的，但还是以一种相对透明的方式回应了社会需求。该地区为应对新冠肺炎疫情采取了广泛的政策措施，这些措施总体情况是积极的，使得私营部门在新冠肺炎疫情大流行期间得到大量的政府支持。

表 4-1 2020 年和 2021 年亚太经合组织各经济体的政策变化对服务部门的影响

干预	有害的	自由化
注资和入股（包括救助）	24	
消费补贴	2	
对商业交易和投资工具的控制	1	
出口禁令	1	
出口补贴	2	
外部直接投资：进入和所有权规则	22	16
FDI：财务激励	1	2
外部直接投资：待遇和业务	5	
外部市场的财政援助	25	
财政补助金	146	
禁止进口	4	
进口许可证要求	1	
与进口有关的非关税措施		1
实物赠予	1	
利息支付补贴	2	
进口产品的内部征税	2	
劳动力市场准入		9
贷款担保	6	
当地劳动力	1	
本地业务	3	1
当地采购	1	
本地化的激励措施	4	
公共采购本土化	5	
公共采购	1	
经济体援助	2	
经济体贷款	42	
税收或社会保险减免	31	2
基于税收的出口激励措施	3	
贸易融资	9	

资料来源：《中国新闻周刊》。

5. 经济案例研究

案例研究都集中在一个单一的部门，旨在研究新冠肺炎疫情如何影响该部门的经济活动，同时了解政府和企业是如何积极主动地应对面临的这些新挑战。选择案例研究的理由主要是为了确保多样性，其次是为其他经济体提供可借鉴的方法。案例研究涉及一系列部门，其中包括运输服务部门、旅游服务部门、卫生服务部门、教育服务部门等。每个部门在相关经济体的整体出口中都很重要，也是一些经济体有实际或新兴出口利益的部门。此外，这些案例研究涵盖了发展中经济体和发达经济体，其主要分布于南美洲、北美洲和亚洲。

五、具体案例

（一）新加坡的卫生服务

1. 卫生部门对经济的重要性

卫生服务贸易具有巨大的潜力，可以使消费者以合理的费用获得高质量的服务。卫生服务可以根据《服务贸易总协定》的所有4种供应模式进行贸易。模式1的贸易通常被称为远程医疗，涉及远程提供服务，通常是在线提供；模式2是最常被考虑的卫生服务供应模式，涉及消费者与提供服务者之间所在地的交流；模式3涉及医疗卫生部门外国子公司的销售；模式4涉及医疗服务提供者向病人所在地的临时流动。显然，由于对人员跨境流动的限制和消费者对国际旅行偏好的变化，在模式2和模式4下卫生服务的出口可能会受到严重干扰。

新加坡拥有世界领先的卫生系统。在新冠肺炎疫情大流行的背景下，新加坡已成为一个区域性的医疗中心，每年吸引50多万名医疗游客，其中60%来自印度尼西亚。医疗旅游占旅游业总出口收入的4%左右。虽然低成本选择的竞争正在加剧，但新加坡在肿瘤学、器官移植、矫形外科、心脏病学和神经病学等专业领域仍然有一定的竞争优势。图4-10显示2005—2017年新加坡医疗服务出口总体上快速增长，平均年化增长率达到17%。鉴于金融和商业服务等其他部门发挥的重要作用，该部门的出口额所占的比例在新加坡服务出口总额中仍然很小，2017年卫生服务出口额仅占新加坡服务出口总额的0.13%。

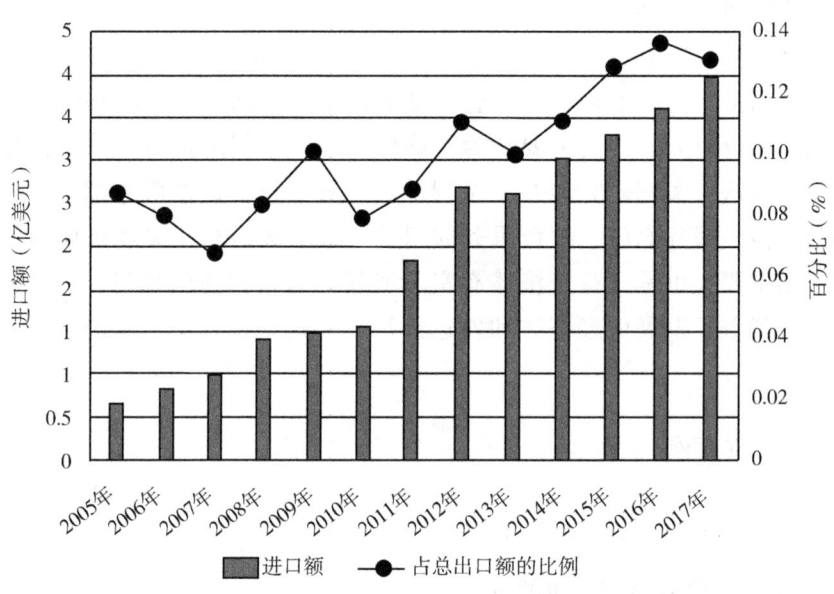

图 4-10　2005—2017 年新加坡卫生服务出口

在考虑新冠肺炎疫情大流行对新加坡医疗服务出口的影响之前，有必要审视新冠肺炎疫情流行之前基线贸易的模式分类（图 4-11）。模式 1 占总出口的近一半，这表明即使在大流行之前，远程医疗服务也是新加坡该行业出口组合的一个重要部分。同样值得关注的是，模式 4 占该部门出口总额的 16%。数据表明，新加坡的卫生专业人员也在为其他经济体提供服务。虽然模式 2 占总数的 30%。

2. 新冠肺炎疫情的影响

对比新加坡统计局 2019 年和 2020 年的医疗服务出口数据，按年度计算下降 4% 左右，在模式 1 强劲贸易表现的基础上，模式 2 和模式 4 很有可能会向模式 1 转变。鉴于全球经济冲击的规模，尽管有这种模式转变，贸易量还是有所下降。但是，模式替代极有可能会缓解下降趋势。新加坡的经验表明，对新技术的积极投资和创新监管方法可以帮助 APEC 其他经济体应对诸如新冠肺炎疫情等不可预见性的事件。

3. 企业和政府的回应

新加坡能够在短期内迅速采取行动，为受新冠肺炎疫情影响的部门制订支

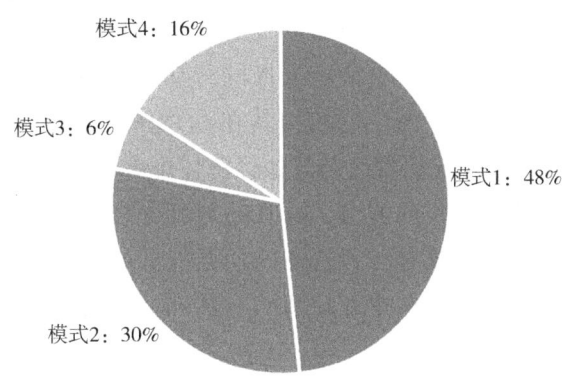

图4-11 2017年新加坡按供应方式划分的卫生服务出口占比情况

持计划，帮助其从中走出来，除了其是高收入经济体、拥有完善的基础设施和稳健的预算外，还离不开政府在最初的行动之后又采取的4轮经济刺激措施。

"远程医疗监管沙盒"的创新使人们能够共同创建流程和治理措施，以完善高效的监管制度，支撑远程医疗的安全发展，同时为新加坡在新冠肺炎疫情的远程医疗工作奠定了基础。随着"远程医疗沙盒"目标的实现，卫生部停止了"远程医疗沙盒"，并在2021年初，根据所需的培训和满足基本安全措施的承诺，为远程医疗服务提供者引入了自愿上市制度。"监管沙盒"允许在全面监管批准之前对新技术和商业模式进行控制性实验。国际劳工组织指出，技术进步可以在新冠肺炎疫情大流行期间和之后优化卫生服务的提供方式和工作方式，但与任何新技术的使用一样，适当的监管也很重要。在新冠肺炎疫情大流行期间，依靠远程医疗服务的能力很可能为更严重的病例腾出治疗的时间，新加坡已经做到了这一点。因此，新加坡医疗服务提供者计划利用其在远程医疗和模式1贸易方面的既定能力来抵御新冠肺炎疫情对贸易的干扰，通过模式2和模式4进行贸易。在医疗服务贸易方面，远程医疗意味着患者可以通过在线平台方便地获得供应商的建议和咨询服务。从模式2的角度看，卫生服务部门以外的监管立场非常重要，特别是在新冠肺炎疫情大流行期间将入境限制作为公共卫生措施来阻止与国际旅行有关的病毒传播。像所有其他经济体一样，新加坡对新冠肺炎疫情的部分反应是限制国际旅行者的进入，其中包括那些寻求医疗的人，之后建立了一个基于风险的制度，允许来自一些其他经济体的游客入境。虽然这里的分析侧重于新冠肺炎疫情对医疗服务贸易的影响,但考虑对新加坡更广泛的医疗保健部门的影响也很重要。除了上文强调的政府在入境措施方面的行动外,事实证明私营部门也对危机做出了双重反应,一方面,它利用其在远程医疗和《服务贸易总协定》模式 1 下的既定专业知识支持继续与其他经济体患者的接触,还随时准备应对国外对商品和服务日益增长的需求,这在新冠肺炎疫情大流行的背景下尤为重要。该案例研究表明,政府和私营部门如果能够在一个强有力的监管框架内制订一个合作方案,即使在非常动荡的经济和社会环境中也有助于支持经济活动和促进就业。

(二) 智利的运输服务

1. 部门对经济的重要性

国际货币基金组织的数据表明,智利运输服务部门在 2015 年对内部 GDP 总服务出口增加值的贡献率为 6%,2018 年为 5.2%,运输服务部门占总服务出口的份额从 2016 年的 31.6% 小幅增加到 2019 年的 31.9%。世界贸易组织数据显示,公路和海上运输是智利运输服务中最主要的分部门,分别占 2017 年运输服务出口总额的 59% 和 32%。图 4-12 将 2005—2017 年数据以美元和占总额的百分比绘制出来,使这些数字能够更加清晰地反映智利的运输服务出口贸易情况,运输服务在服务出口总额中的份额随着时间的推移有所下降,但在总体数量上仍然很大。经合组织(经济合作与发展组织,Organization for Economic Cooperation and Development,OECD)和世界贸易组织平衡服务贸易数据集的数据显示,与其他 APEC 经济体的联系对智利的运输部门至关重要,占所有运输服务出口的一半以上。

2020 年,智利政府投资近 50 亿美元用于《铁路上的智利》铁路发展计划,旨在到 2027 年将铁路货运量翻一番,达到每年 2 100 多万吨,同时将乘客人数增加 2 倍。该发展计划包括 27 个基础设施和安全项目,以促进智利的客运和货运服务发展目标能够如期实现。2017 年,智利运输服务的出口按照供应模式的分布情况来看,运输服务的 56% 是通过模式 1 交付,35% 是通过模式 2 交付。智利的公路客运、货运和部分海运服务主要由模式 1 提供,其他公路服务和海运服务则完全由模式 2 提供,这表明模式 2 服务在新冠肺炎疫情大流行期间受到旅行限制的影响最严重。

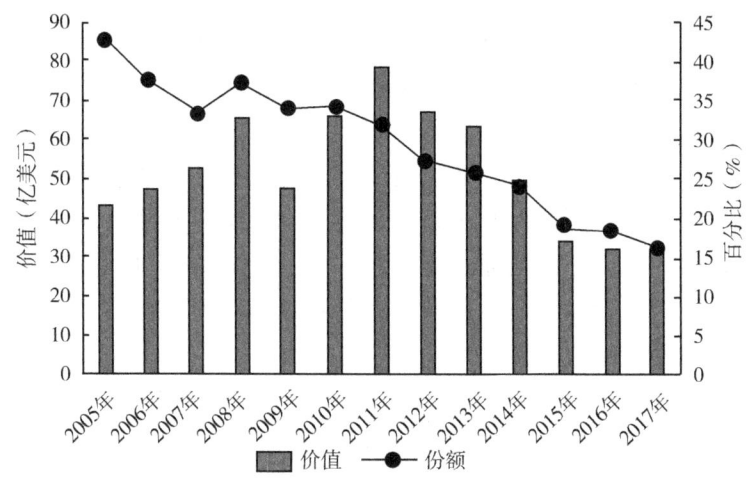

图4-12 2005—2017年智利的运输服务出口

2. 新冠肺炎疫情的影响

2020年,智利经济活动收缩了5.8%,其中运输和仓储服务占1%。由于对人员流动的限制,陆路和航空运输及相关服务减少,运输部门服务贸易额收缩了17.5%(按2019年价格计算),最大跌幅出现在2020年的第二和第三季度,分别为32%和26.8%。相比之下,2020年第四季度的跌幅最小,为7.8%。随着电子商务活动的增加,货运部门服务贸易额有所回升。总体而言,智利运输服务的出口和进口在新冠肺炎疫情大流行期间都有所下降。国际劳工组织的数据显示,2019年运输部门与通信服务一起雇用了6%的劳动力。这场大流行对服务部门的就业产生了深远的影响,尤其是在运输部门。国际劳工组织估计在2020年的前三个季度,平均有14.5%的工作岗位流失。

3. 企业和政府的回应

新冠肺炎疫情大流行期间,智利一直灵活地实施各种措施维持企业就业率,以补偿那些受新冠肺炎疫情影响最大的群体,例如2020年两次提高最低工资,第一次在2020年3月,以抵御通货膨胀;第二次在2020年9月,以抵消新冠肺炎疫情带来的负面影响。在新冠肺炎疫情发生后,智利科罗内尔港引进了"热成像仪"高度准确地测量体温,以防止病毒的传播和保持业务的连续性。

根据智利经济投资机构PROCHIE的说法,智利已经采取了若干措施确保在新冠肺炎疫情带来的危机中实现供应链的畅通。2020年经济体海关总署颁布第1179号决议,决议主张利用电子通信手段和其他工具,简化和保障智利所有海、陆、空港口的一系列运营措施。这些措施包括在没有海关雇员或经纪人在场的情况下,允许海关经纪人远程履行职责,可以使用电子邮件对货物进行检查和提供装运任务;通过电子邮件处理进出口的基本文件;允许以电子方式进行海关文件修改和出口报关的合法化等。智利海关总署还被要求给予尽可能多的便利,以便通过电子手段迅速完成外贸手续。此外,海关还与港口码头、仓库管理人员和运输文件的签发者及其他运营商建立了协调关系,以促进电子程序的完善。

智利、澳大利亚、文莱、加拿大、新西兰、新加坡等经济体已承诺保证运输部门的连通性和在新冠肺炎疫情危机中保持开放畅通的供应链以及识别和解决对必需品流动产生影响的贸易中断问题,以确保贸易线保持开放,促进包括基本供应品在内的货物流动,这符合各经济体的共同利益。

私营部门已经适应了这种新冠肺炎疫情,例如当危机首次袭击智利时,三文鱼生产商面临着国际运输问题,航空公司陆续关闭航线,甚至拉丁美洲最大的航空公司LATAM由于乘客数量骤减被迫大幅削减业务。作为回应,许多航空公司已将重点转向货物运输,并相应地调整其机队。同样,智利的所有港口都进行了调整并遵守相关协议,制定了及时发现可能产生新冠肺炎疫情本地传播的旅客或机组人员的准则。

总之,虽然智利的运输服务受到了新冠肺炎疫情的不利影响,但政府已经通过促进数字化和尽量减少对货物和物流服务的影响来应对。同样,私营部门也调整了商业模式,以便将短期损失降到最低。

(三) 泰国的旅游服务

1. 部门对经济的重要性

2017年,联合国世界旅游组织将泰国列为世界第九大旅游目的地。世界旅行和旅游理事会的数据显示,2019年旅游业对泰国GDP的贡献率为19.7%。此外,2019年雇用的劳动力占泰国总雇用劳动力的21.4%。2019年,泰国接待了3 980万境外游客。世界银行相关数据显示,泰国来自国际旅游业的收入占该部门总收入的比例从2010年的10.4%增加到2019年的20%,实现了翻一番的目标。近年来,在东盟地区签证政策变化的背景下,泰国游客数量迅速增长,其国际游客主要由亚洲邻近经济体的公民组成。2019年,中国游客占泰国国际游客总数的19%，来自马来西亚、日本、俄罗斯的国际游客共占23%。

OECD、世界贸易组织平衡服务贸易数据集的数据显示，2005—2017年，旅游服务占泰国服务出口总额的近一半，且其所占的份额在持续上升。泰国与亚太经合组织其他经济体在旅游服务出口方面的贸易额所占的份额长期以来一直保持在60%左右，甚至更高。世界贸易组织数据库的数据证实泰国所有的旅游服务出口都是通过模式2进行的，这表明泰国受到新冠肺炎疫情期间实施的旅行限制和社会疏远措施的影响严重。图4-13显示了旅游出口价值随时间的变化及旅游服务出口在总服务出口中所占的份额，清晰地显示出该部门对泰国经济的重要性。

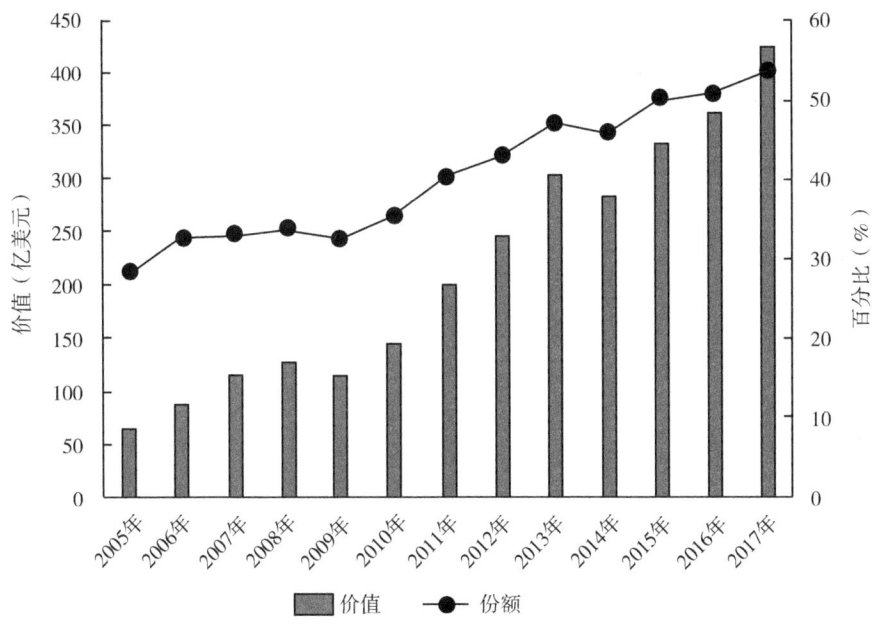

图4-13　2005—2017年泰国的旅游服务出口

2. 新冠肺炎疫情的影响

2020年3月，泰国政府宣布因新冠肺炎疫情而进入紧急状态，并实施了严格的旅行限制措施。因此，2020年的第二和第三季度境外游客的到访量骤减，基本为零。表4-2展示了联合国世界旅游组织的旅游复苏追踪器中关于泰国关键旅游绩效指标的月度数据，显示了新冠肺炎疫情对该行业的不利影响程度。

表4-2 泰国主要月度旅游业绩指标变化

业绩指标	2020年											2021年	
	3月	4月	5月	6月	7月	8月	9月	10月	11月	12月	1月	2月
国际游客人数（同比，%）	-76	-100	-100	-100	-100	-100	-100	-100	-100	-100	-100	-100
酒店入住率（%）	29	8	14	20	19	19	21	24	25	27	15	21
酒店搜索（同比，%）	-57	-80	-79	-66	-61	-62	-69	-70	-65	-71	-80	-65
酒店预订量（同比，%）	-68	-90	-89	-71	-60	-66	-63	-70	-61	-67	-76	-31
短期租赁（同比，%）	10	-30	-44	-43	-49	-69	-66	-60	-62	-64	-73	-73
旅游情绪（净情绪得分）	-6	25	32	36	47	43	36	47	50	31	49	46

资料来源：联合国世界旅游组织。

2020年第一季度，泰国航空业乘客需求下降52%，游客数量的减少对旅游和与旅游相关的行业都产生了负面影响，导致该行业对GDP的贡献收缩了1.1%。美国旅游授权电子系统2020年编制的研究报告将泰国列为因新冠肺炎疫情引起的旅游业混乱而遭受巨大收入损失的经济体名单中的第4位。国民经济和社会发展理事会估计在2020年的第二和第三季度，旅游部门将损失250万个工作岗位。危机的最早影响体现在与前一季度相比旅游部门的就业人员缺勤人数增加了79%。

3. 企业和政府的回应

为了应对危机，泰国政府2020年3月发布了总额超过300亿美元的经济刺激计划和资产仓储计划，允许企业将其资产作为抵押品，并可选择在日后将其赎回。政府希望这一计划能够吸引房产所有者和旅游业从业者参与。泰国酒店协会进行的一项调查显示，约有26亿美元的酒店资产希望加入该计划。此外，政府还拨款180亿美元对临时工、合同工和自营职业者进行财政援助。政府为面向境内的"我们一起旅行"计划拨款6.41亿美元，该计划为泰国公民在其居住省份以外的地方旅行提供高达40%的住宿、食物、航空旅行和其他费用补贴，预计将惠及24 700家酒店住宿服务提供商和36 755家餐馆。

泰国政府允许酒店和其他住宿服务商延长支付电费的时间，免除来自新加坡和中国公民在抵达泰国时实施的14天检疫，向56个经济体的公民发放长期签证，以激励国际游客的长期停留。泰国的7家主要航空公司获得7亿美元的优惠融资维持运营，旅游部的目标是返还旅游部从入境、出境和境内旅游公司收到的作为许可费的4 400万美元押金，每家公司都能从被取消的旅游团中获得50%~70%的押金。该部门还要求提供3 200万美元的预算用于在当地社区的建设和景点修缮。泰国还计划在特殊地区进行社区能力建设，以实现可持续的旅游项目。

泰国是APEC地区最早制定卫生标准和安全标准的经济体之一，这样做的目的实际上是在为建立消费者信心和重新启动国际旅游业做准备。此外，泰国旅游局创建了安全与健康管理认证标准，要求所有旅游企业遵守有关卫生的准则和规定。尽管泰国对国际游客仍有严格规定，从2021年最初的"旅游情绪"指数的逐步改善可以看出，政府通过专门的营销活动逐渐将资源集中到数字营销来源上，并为旅游业和相关部门的工作人员提供数字扫盲培训，这些措施在很大程度上促进了消费者信心的提升。

泰国计划在 2020 年 5 月前有效地平息新冠肺炎疫情,但却在 2020 年 12 月经历了第二波疫情,这削弱了其旅游部门的发展前景。政府已经采取了各种财政和社会经济措施来帮助旅游业和附属部门的企业走出疫情,还采取了政策导向的方法来促进国内旅游。2021 年 3 月,酒店预订数量同比增加 17%。鉴于政府和私营部门在遏制疫情工作中的持续合作,有望在 2022 年 10 月前全面开放国际边界。

(四)加拿大的高等教育服务

1. 部门对经济的重要性

2004—2015 年,加拿大高等教育机构的国际学生人数增加了 1 倍多。除了教育部门提供的高质量教育外,加拿大为国际学生提供永久居留权的政策相对宽松也是吸引海外潜在留学生的一个重要因素。2017 年,加拿大教育服务出口值为 45 亿美元,占服务出口总额的 1.3%。尽管该部门在其支持的出口收入和就业方面意义重大,但考虑到加拿大的经济规模、收入水平和多样化程度,该部门在加拿大整体服务出口中的比例仍然不高。

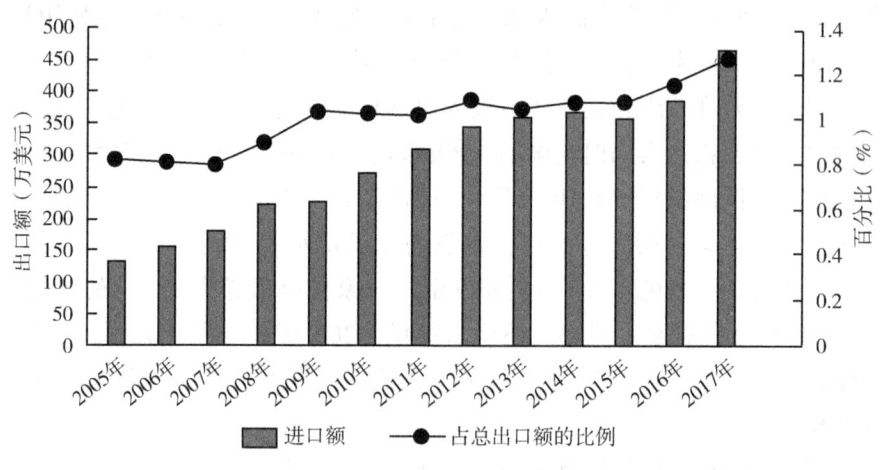

图 4-14　2005—2017 年加拿大教育服务出口

图 4-14 数据展示了 2005—2017 年加拿大教育服务出口额的变化过程,显著地反映出该部门的增长速度超过了服务出口总额的增长速度,占服务出口总额的比例从 2005 年的 0.8% 增加到 2017 年的 1.3%。此外,必须强调的是直接出口收入(海外学生支付给教育机构的费用)只是该部门经济效益的一部分,学生在当地有购买力,盘活了经济,大学与其他企业的供应联系也

直接或间接地促进了教育部门的就业。

2. 新冠肺炎疫情的影响

国际劳工组织表示，全世界超过90%的注册学习者因新冠肺炎疫情而中断了学习。传统教育是一个非常依赖在相对封闭的空间里进行人际交往的部门，所以它被认为是病毒传播的潜在风险行业，导致包括加拿大在内的一些经济体中许多教育机构因新冠肺炎疫情大流行带来的健康问题而关闭。

高等教育部门还有另外一个问题，因为这些服务是在国际上展开的，初等和中等教育服务很少在国际上展开，因此，学生的国际旅行能力是一个关键因素。由于现场互动可能会发生难以预料的变化风险，这种能力在新冠肺炎疫情期间被严重破坏。此外，国际劳工组织指出教育工作者和教育机构尽可能地将教育活动转移到网上。

当新冠肺炎疫情暴发时，加拿大和所有其他经济体一样，都采取了广泛的旅行限制措施。鉴于教育服务主要是通过模式2出口，这一步骤对寻求进入加拿大学习的外国学生有明显影响，使之难以实现安全的现场互动，该部门只能向在线学习过渡。因此，境外学生只能使用在线学习资源，而已经在加拿大的境外学生能够享受与加拿大学生相同的听课方式，这有效地将他们的贸易形式从模式2转移到模式1。这种模式的转变表明企业将其产品转移到网上的能力是新冠肺炎疫情大流行时期维持活动的重要方式。

过渡到在线学习方式是高等教育部门积极研究和实验的一个领域。一方面，如果没有高质量的硬性基础设施，特别是宽带互联网接入，这种过渡是不可能实现的。教员（本例中为加拿大）和学生（位于其他经济体）都需要接入宽带互联网。鉴于大量的学生来自发展中经济体，进入加拿大的高等教育部门，在确保满足硬基础设施基本要求的同时，还要有适当的教学方法和相应的软基础设施。

3. 企业和政府的回应

注意到学生跨境流动对该行业的重要性，加拿大政府要求根据当地的公共卫生状况的不断变化调整其旅行限制，以便在保护公共卫生和促进国际服务贸易之间取得适当的平衡。加拿大政府已经采取措施为注册学生的入境提供便利，前提是他们的机构有一个新冠肺炎疫情准备计划，并得到相关省或地区的批准。此外，入境的学生必须符合一般的健康要求——旅行前的阴性测试结果、强制隔离期以及抵达后的第二次阴性测试结果。由于需要防止新冠肺炎疫情的传播，前往加拿大的旅行受到了严格的限制，但当局一直明确选择为获得授权的学生提供入境便利，并合理保证他们的旅行不会对公共卫生状况产生负面影响。

行业数据显示，2020年加拿大大学收入大约降低1.4%。加拿大的案例研究表明，尽管未知该行业的中期前景，行业和政府的联合行动都可以帮助其应对新冠肺炎疫情带来的负面影响。假设旅行限制进一步放宽，确保国际学生安全抵达加拿大也是一个持续性的问题，还不清楚这种情况在未来会持续到什么程度。因此，一些学生选择留在自己经济体境内进行在线学习。由于新冠肺炎疫情的影响，消费者对旅行的偏好发生了明显的变化，而且各经济体的偏好变化情况各不相同。因此，加拿大的大学一直保持与政府、企业和社会公民开展广泛合作，以帮助经济体应对新冠肺炎疫情带来的负面影响。当然，高等教育不仅仅是一个赚取出口额的部门，它也是知识创新的推动者，对经济中的重要技术变革具有引导作用；此外，加拿大的大学还是高端机构，特别是在对新冠肺炎疫情的研究和支持医疗领域服务方面。因此，大学可以成为经济部门应对新冠肺炎疫情带来的广泛的经济和社会挑战的一个重要部分。

展望未来，加拿大鼓励高等教育机构建设一个三步模式，即回应、恢复和繁荣。它清楚地表明高等教育机构面临的挑战与其他公司面临的挑战是相似的，特别是需要在一个受限的环境中管理财政资源，并最终制定一个新的可持续发展方案，这一过程的一个重要部分是研究该部门的一些变化。虽然目前还不清楚消费者的偏好在多大程度上由于新冠肺炎疫情的流行而发生了变化，在中期内发展竞争力的一个关键部分将是把相对更多的注意力放在大学和其他高等教育机构的在线服务上。在这种背景下，需要采取"大一统政府"的方法让不同级别的行政部门与教育机构合作，对新冠肺炎疫情及其后果采取长期管理。

（五）菲律宾的ICT服务

1. 部门对经济的重要性

菲律宾统计局的数据显示，在过去10年，信息和通信技术部门对菲律宾GDP的平均贡献为3.2%。在新冠肺炎疫情大流行的背景下，该部门对经济的GDP贡献实际上从2019年的2.9%增加到2020年的3.3%，2019年的增速为9.1%。该部门在2017年雇用了34.7万人，占经济总就业人数的1%，2019

年 7 月创造的就业机会同比增长 2%。菲律宾互联网用户数量从 2010 年的 2 300 万增加到 2020 年的 7 300 万,增长 2 倍多,信息技术和业务流程外包行业已经渗透到境外市场,逐渐成为该行业的领导者。

国际货币基金组织的国际收支平衡表把 2019 年该经济体信息和通信技术部门的服务出口估值为 13 亿美元,菲律宾统计局估计它占菲律宾服务出口总额的 14.1%。图 4-15 利用世界贸易组织的数据分析了 2005—2017 年菲律宾信息和通信技术服务出口额不同年份间的变化,2017 年这些出口按供应模式的分布显示,信息和通信技术服务总额的 77% 是通过模式 1 提供的,23% 是通过模式 4 提供的。虽然该经济体的电信和信息服务出口完全是跨境交易,但菲律宾计算机服务出口的 25%(2017 年价值 13 亿美元)是通过模式 4 交付的。虽然后者会因此受到疫情大流行期间实施的国际旅行限制的不利影响,但该经济体的大部分信息和通信技术服务出口相对不受影响,甚至可能出现正增长。

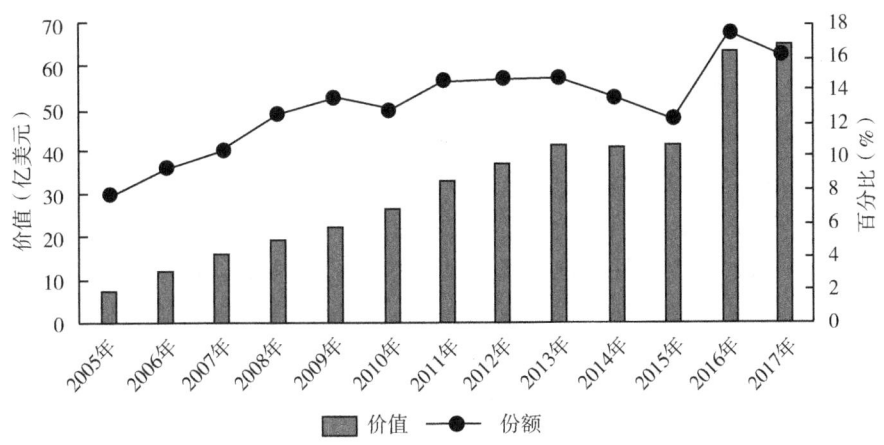

图 4-15　2005—2017 年电信、计算机、信息和视听服务出口

2. 新冠肺炎疫情的影响

2020 年,菲律宾经济前三季度同比收缩 10%,出口下降 18.7%,但信息和通信技术行业增长 5.3%,这得益于许多工作者过渡到居家办公以及越来越多的人转向数字商务和电子支付,使得对信息和通信技术服务的需求急剧增加。亚洲开发银行在菲律宾开展的企业调查中信息和通信技术企业占总企业

数量的 11.5%，这些企业在新冠肺炎疫情大流行期间由于受到防疫措施的封锁和社会隔离，基本是保持"有限的运营"，63.9%的这类企业在被问及他们的运作情况时表示"不超过 50%在运营"，36.1%表示"超过 50%在运营"。此外，信息和通信技术部门的企业占因新冠肺炎疫情而永久关闭的企业总数的 11.1%，直接或间接地导致 2019 年 10 月至 2020 年 10 月流失 13.4 万个工作岗位，突出了新冠肺炎疫情影响之严重和深远。

3. 企业和政府的回应

菲律宾信息和通信技术部门在这场大流行中获得了突出的地位，因为它是唯一被证明有弹性的部门，并表现出推动经济发展的强劲潜力。2020 年全球数据显示，在当地企业采取的更广泛的数字化转型举措和客户需求增长的推动下，信息和通信技术行业在 2020 年迎来发展转机。调查指出，尽管存在销售下降和因新冠肺炎疫情导致的裁员等新的业务挑战，2020 年菲律宾 84%的企业增加了信息和通信技术预算，而 2019 年只有 66%。此外，74%的企业正在考虑在未来两年内投资云管理，使企业能够在不同平台上协调工作，以促进运营效率的提高，菲律宾企业还计划增加对物联网分析（如人工智能和机器学习）的投资，以获取更广泛地用于改善业务流程和提高客户体验的运营数据。菲律宾数字化在很大程度上受制于经济中高速宽带的低渗透率，在一定程度上落后于邻近的中等收入经济体，且数字鸿沟较大，近 60%的家庭无法接入互联网，从而无法获得数字化带来的益处。

2021 年政府将拨款 4.41 亿美元用于改善电信基础设施和加快对教育、卫生和社会保护部门在线信息系统的投资。其中，1.94 亿美元将用于支持政府的日常信息和通信技术支出，预留 1.56 亿美元用于资助电信基础设施和通信技术的需求，以推进部分政府工作向电子政务转变。此外，政府还为网络安全工作分配了大量资金，以保护政府、企业和个人的敏感信息，以及执行现有法律中的数据隐私条款。

信息和通信技术部门将在菲律宾疫后的经济复苏中发挥举足轻重的作用。该部门在新冠肺炎疫情的第一年保持弹性，菲律宾政府为促进其数字基础设施建设所采取的各种举措将使该部门迅速成长。政府为提高公民的数字素养和为劳动力提供充分的技能培训所做的额外努力，将进一步增强信息和通信技术部门的潜力，使其成为菲律宾新冠肺炎疫情后经济增长的关键驱动力。

(六) 案例研究的结果总结

案例研究表明，亚太经合组织经济体无论是私营部门还是政府在新冠肺炎疫情期间都积极地采取了维持经济活动的措施，这为亚太地区未来的经济复苏奠定了基础。例如加拿大通过要求教育机构在其境外学生获准进入或重新进入加拿大之前，有一个经批准的新冠肺炎疫情行动计划来管理以教育为目的的旅行风险。

案例研究还表明，各经济体在采取与新冠肺炎疫情相适应的必要预防措施以尽量减少对健康的不利影响，而且还探索了供应模式之间的可替代性，特别是采取了加强数字化的步骤。智利的运输部门如此，新加坡的医疗服务亦是如此。对于像菲律宾这样的经济体来说，由于在信息技术带动的服务方面已经有了一定的基础，随着越来越多的服务活动转移到网上，这场新冠肺炎疫情为其提供了测试这种能力的机会。在这种情况下，加强对信息和通信技术基础设施的投资，以解决数字鸿沟问题，也是一种政策反应。

旅游业及其附属服务是受危机打击最严重的部门之一，因为它们几乎完全依赖消费者的流动（模式2贸易）。作为回应，亚太经合组织经济体在与私营部门合作的基础上已经实施了一系列政策措施，在一定程度上促进了旅游业的复苏，帮助了企业保持开放。公共卫生冲击带来的影响在这个部门是非常真实的，但有证据表明，协调一致的创造性行动可以为那些最直接受影响的人提供一定程度的缓冲。

新冠肺炎疫情带来的经济冲击在规模、范围和性质上可能都没有先例。重要的是，政府要与受影响的行业合作，支持雇员和其他因这一冲击而遭受非常直接且负面影响的人，保持开放的贸易环境、巧妙地利用监管措施促进低风险的互动或流动是政府试图缓解新冠疫情带来的影响的另一种方式，但这种方式必然会遇到硬性的限制，因为需要在短期内管理公共健康风险。尽管如此，发展中经济体，特别是那些公认的信息技术服务中心有可能从对其产出的需求增加中受益，但前提是各经济体在这期间要共同努力，保持一个相对开放的贸易体系。

1. 新冠肺炎疫情后的经济复苏

在新冠肺炎疫情盛行的大背景下，恢复生产，促进经济复苏，是当前APEC各经济体面临的首要问题，也是2022年亚太经济合作组织领导人非正式会议优先事项之一。

(1) 大力支持服务贸易的发展

亚太地区是推动全球制造业的动力源泉，一直是全球电子商务的领导者，包括企业对企业、企业对消费者两方面。在这两个领域中，大部分贸易涉及有形产品，这使得亚太地区贸易政策侧重于促进贸易便利化发展。贸易便利化广义上包括规范市场准入标准和减少交易成本的行动，这种双管齐下的做法又涵盖了贸易自由化——既包括单边贸易，又包括协同贸易和根据世界贸易组织《贸易便利化协定》采取的贸易便利化行动。

与提高服务竞争力和促进服务贸易发展有关的政策议程不同于与商品生产或贸易有关的政策议程，影响服务贸易和竞争力的政策框架在性质上比制造业的政策框架更加规范，它更多地与结构改革相关，当涉及数字产品时，情况尤其如此，因为其贸易涉及数据的跨境流动——数据的跨境流动是这种经济模式的核心。数字产品与服务的生产和贸易越来越多地涉及多个层级的平台，在购买产品的质量和相关交易安全方面保护消费者的监管制度也是如此。如果监管制度不符合国际规范或者不被进口经济体的监管机构认可，有潜在竞争力的出口商可能就无法进入境外市场，从而导致其生产成本比有确保服务和数据自由流动的司法管辖区的竞争对手生产成本高，为了促进亚太地区市场经济的健康发展，各经济体有必要在国际监管方面开展合作。

随着科学技术的进步，价值链的数据密集度和数据依赖度越来越高，企业将上游的数据作为设计、研发和产品创新投入，相关平台所有者将其平台上买家和卖家的信息货币化，扩张性地反映了平台强大的网络效应主导地位和滥用市场力量的可能性。虽然数字平台或跨平台的数字活动所产生的数据池的控制权属于平台所有者，但数字技术为当地企业创造了更多机会，使其能够从免费提供的数字工具的模块化性质中获益，这些工具和所运行的平台对于可以获取"现成"采购服务的小公司尤其重要。获得这类服务是企业层面提高竞争力的一个主要因素，它允许小公司开发服务，参与跨境交易，否则就无法如此。

数字化可以提高新进入的企业和初创企业的利润率，使其产生积极的影响，并为现有企业提供走向网络的途径。但公司连接到数字平台，并从中受益的范围取决于主干信息通信技术基础设施的成本和质量，在基础设施供应商和平台所有者的运作与交易中，使用的产品流程在监管领域跨境合作对促进公司和消费者相互连接显得非常重要。鉴于小公司在所有亚太经合组织经济体中具有压倒性的重要性，如果不能为中小微企业利用数字技术提供商品服务而制定支持性政策，将会阻碍该地区未来可持续和包容的贸易发展。

公司转向与客户在线互动的能力说明了服务竞争力（包括跨供应模式的多样化）的重要性，案例研究清楚地表明了这一动态。拥有一种以上的供应模式可以提高抵御外部冲击的能力，使用替代模式生产、销售和交付产品的能力对新冠肺炎疫情造成的负面经济冲击有极大的影响。从各服务部门受影响的明显差异中可以得到一个启示，即必须认识到将服务贸易视为一个无形的、同质化的经济活动是没有意义的。这场新冠肺炎疫情说明服务的专业化是一个风险因素，政府在设计社会安全网和制定支持传统意义上服务多样化发展相关政策时应予以着重考虑。

在销售、就业和市场资本化的趋势中，公司与客户在线互动的能力差异逐渐明显，提供互联网链接、通信工具、电子商务相关服务以及依靠"软件即服务"商业模式的公司表现非常好，航空公司、酒店和旅游业的业务面临崩溃。与 ASCR 相关的政策含义是需要更好地理解和考虑如何支持部门内的模式转换，以促进本地经济活动或跨境经济活动方面的交流。在经济层面上，应对新冠肺炎疫情的经验突出了跨部门政策互补性的潜在重要性。

（2）确保《APEC 服务业竞争力路线图》的持续相关性

2016 年，为落实亚太经合组织领导人在 2015 年批准的《APEC 服务业合作框架》，APEC 确定了一套协调一致的行动和共同商定的目标，并承诺在 2025 年前完成行动和实现目标。由 PSU 实施的对亚太经合组织成员的咨询作为对 ASCR 的中期盘点，反映出各经济体对 ASCR 中确定的亚太经合组织范围行动的强烈支持，成员经济体普遍表示大多数行动领域与本经济体高度相关，考虑到新冠肺炎疫情的经济影响，路线图变得更加重要。

关于 ASCR 的持续性和相关性，反馈意见中的另一个共同点是需要加强对监管机构和中小微企业的能力建设，以提高其恢复力。一些亚太经合组织成员经济体指出，需要提高服务贸易统计数据的质量，因为这是分析工作的重要环节，有助于政府有针对性地支持受冲击最大的部门或企业。优质的贸易数据有助于评估服务贸易壁垒的影响和提高对不同类型的服务活动对重要供应需求冲击复原力或反应的认识。

（3）开放的市场和公平的竞争环境

政策所隐含的服务贸易总体限制性水平是判别服务贸易是否具有竞争力的

决定因素，亚太经合组织服务限制性指数的表现因经济体和部门而异。但在 ASCR 的背景下，有明确的理由说明保持市场开放和促进服务贸易属于结构改革议程。使用信息通信技术的服务和数据跨境流动往往是相对不受限制的，数据传输时也不用征税。

保持开放的竞争性市场不仅可以减少可疑交易报告中的问题，还可以促进服务贸易的发展。影响服务贸易和服务竞争力的政策更广泛地涵盖了具体部门的措施和跨领域的措施，在考虑设计影响国际服务贸易和数据流动的监管政策时，应同时考虑内部和外部层面，限制性的内部监管可能对服务贸易、企业链接和使用数字平台向客户提供服务的能力产生负面影响。

国际服务贸易竞争力由其他类型的政府政策决定，尽管这些政策可能对服务贸易投资产生不利的竞争溢出效应。随着全球经济从第 19 次经济危机中恢复过来，这种溢出效应的总体范围可能会扩大。从服务业竞争力的角度来看，应重视境外监管制度的影响，因为这些制度有可能会阻碍或排除境内企业参与跨境贸易，对于那些依赖数据作为其业务核心部分的公司来说，数据的更广泛监管尤其重要，对于那些寻求将其产品"移至云端"转向订阅模式而不是出售内部使用软件工具许可证的公司来说，情况也是如此。

在世界范围内，各经济体或地区政府推出的新补贴措施的数量一直在稳步上升。2018 年和 2020 年推出的新补贴措施超过 2 000 项，部分亚太经合组织成员是实施补贴措施最多的经济体，许多经济体的服务部门往往被给予大量补贴，国有企业有时也是重要的参与者。支持措施往往不是为了影响跨境贸易，但仍可能对区域或全球竞争产生间接溢出效应。其中，一个必要条件是采取协调一致的行动收集有关补贴政策的数据，并委托研究机构评估跨境溢出效应，以确定竞争层面最值得关注的财政支持措施。因此，确保经济政策的这一特点在结构改革议程中得到充分考虑非常重要。

2. 监管异质性

在 ASCR 中，对服务竞争力和数字经济议程之间的交叉领域关注相对较少。亚太经合组织领导人认识到数字化的重要性后，鼓励各经济体积极开展相关活动、制定有利于数字化创新的政策，以提高亚太地区数字经济的竞争力、支持新冠肺炎疫情后的经济复苏。在降低监管异质性成本方面，应更加注重标准化机制的构建，以鼓励服务企业利用模式 1 作为提供服务的渠道从而促进等效性的监管。针对数据服务和数字产品提供者的跨境流动政策，在一定程度上对新举措的投资激励和使用不同服务供应模式的能力产生了影响；在货物方面，关税和非关税壁垒等边境政策会影响贸易激励；在服务方面，监管政策框架可能与对境外供应商的明确歧视的普遍程度一样重要。

目前对数据流动的监管制度是非常分散的，一些经济体基本自由放任，只有少许经济体监管环境相对严格。贸易协定越来越多地包含关于跨境数据流动的具体义务，一些司法管辖区正在建立"等效制度"，以衡量境外供应商在访问或处理数据时是否会受到与境内公司相同的待遇。在这方面，亚太经合组织经济体是一个领导者，倡导 APEC 各成员通过谈判达成多边协议，以解决数字政策领域的问题，从而实现数字创新。

尽管数据监管的方法各不相同，但经合组织最近的工作表明：在不同的司法管辖区，贸易协定和数字协定使数据能够以多边信任的方式跨境流动，但其中存在着广泛的趋同点、共同点和互补因素。虽然这是一个属于《APEC 数字路线图》的政策领域，但从服务贸易竞争力的角度来看，这一点至关重要。通过多边协议的建立，"信任的数据流动"概念成为现实，这不仅有助于小公司利用贸易体系来销售和采购服务，还有助于实现 ASCR 的几个核心目标。

世界贸易组织会谈中可能出现的"开放式多边协定"至少在 4 个方面与标准贸易协定不同。第一，它们是开放的，任何能够满足成员条件的经济体都可以参加，而贸易协定一般不对其他经济体开放；第二，就协议解决监管异质性的成本而言，它们不适合交换优惠条件，因为它们侧重于良好的监管实践；第三，它们是特定领域的，仅限于对有关问题或有关类别的商品和服务的承诺；第四，由于"开放式多边协定"只要求同等的表现，不要求成员经济体有相同的程序或机构，但允许成员通过自己的监管制度或机构产生所需的结果。他们的相同点便是都需要对现有的监管政策及其执行情况进行持续的对等盘点，并对可能适应环境变化的情况进行联合评估，这有助于制定适当的竞争政策，以解决潜在滥用市场力量的问题，确保为服务商提供公平的竞争环境。

3. 减轻经济和社会成本

应对新冠肺炎疫情经验表明：政府在设计支持计划和监管框架时应重视对替代可能性的思考，哪些措施应该被优先考虑，取决于当地条件和经济活动的具体性质。鉴于新变种的新冠肺炎疫情前景，利用压力测试来更好地了解与供应和需求有关的各行业风险因素，从公共卫生的角度来看显然是重要的。

但是，新冠肺炎疫情也提供了一个长期类型的调整压力的预示环境，这些压力将伴随着技术变革推动自动化和经济变得更加数字化。

境内政策可能对模式替代更加敏感，重大供需的冲击可能导致流动性受到限制，还可能导致其破产或资产搁浅。在公司内部或跨公司的任务重新分配和调整方面，需要区分性别差异，女性雇员在线交付任务或从提供零售服务转为提供送货服务的能力方面可能会受到更大的限制。中小微企业和妇女是ASCR关注的焦点，这也是许多亚太经合组织成员在上述PSU咨询中强调的政策领域，但有关中小微企业和妇女利用新出现的机会处理外在风险的能力没有被纳入ASCR的主流议题。

4. 向企业界学习

全球价值链技术和市场驱动所面临的阻力不断增强，寻求吸引全球价值链的经济体有更大的动力去解决国际商业投资领域存在的问题。企业与监管机构、分析师和研究人员的合作，可以制定出更好的政策。支持多方利益相关者的监管，学习最新的经验，有助于为社会保险和调整计划的设计提供信息，应把其确定为经济层面或APEC区域合作领域的优先行动。

"价值链伙伴关系"在概念上可以被理解为是促进监管与开展合作的工具。作为扮演上游供应商和下游买家双重角色的企业，可以帮助识别或解决阻碍服务贸易增长和破坏服务竞争力的政策障碍；也可以帮助制定干预措施的目标。有效的公私营部门的沟通与合作，对于促进新数字技术的投资和采用非常重要，在亚太经合组织层面支持这种盘点，有助于将政策重点放在通过提高中小微企业跨境销售和采购服务的能力来提高包容性发展。

第五章 APEC 减少食物损失和浪费的合作

第一节 合作背景

随着亚太经合组织经济成熟度的提高和人口持续增长，在确保自然环境可持续发展的同时，增加粮食供应面临着重大挑战，减少食物损失和浪费越来越被视为构建有弹性的粮食系统的重要方式和组成部分。减少食物链条中从生产到市场的浪费，提高资源利用效率是应对区域粮食安全挑战的关键因素。在亚太地区的粮食收获损失和浪费中，减少粮食损失和浪费数量，提高粮食供给质量至关重要。近年来，为保障粮食安全，亚太经合组织各经济体在相关论坛和领导人会议上共同承诺会就减少食物损失和浪费展开行动，许多经济体已将减少食物损失和浪费作为战略优先事项。

鉴于减少食物损失和浪费的重要性，2014 年亚太经合组织启动了多年项目，旨在加强亚太经合组织中政府与私营部门之间的伙伴关系，并制定减少食物损失和浪费的政策或解决方案。为了实现食物损失和浪费减少 10% 的目标（见《亚太经合组织 2014—2020 年粮食安全路线图》，简称《2020 年路线图》）和《联合国可持续发展目标》，2017 年和 2018 年亚太经合组织对成员经济体进行了食物损失和浪费调查，并开发了亚太经合组织食物损失和浪费系统作为共享资料库；2019 年举行了专家咨询会议、能力建设和高级别政策对话活动，提出了系统的方法来量化食物损失和浪费，分析了不同部门和食物供应链各阶段的实际案例。

此外，为了更好地减少新冠肺炎疫情大流行期间食物损失和浪费，2021 年中国台北举办了"减少食物价值链中食物流失和浪费的虚拟研讨会"，在亚太经合组织农业技术合作工作组和亚太经合组织的粮食安全政策伙伴关系论坛进行会前调查，以了解亚太经合组织经济体如何应对新冠肺炎疫情对粮食损失和浪费带来的影响以及如何用数字信息技术助力减少粮食损失和浪费方面工作的开展。

充分利用生产的粮食已成为许多亚太经合组织经济体促进可持续农业粮食系统的战略重点。减少粮食损失和浪费是一个重要的经济机会，有助于促进全球粮食安全、营养安全和循环经济中可持续材料的利用、管理。由于减少粮食损失和浪费与食物系统的所有部分相连，仅单一的减少食物损失和浪费政策是不够的，需要不同类型的政策组合；需要在所有司法管辖级别之间进行协调；需要私营公司、学术研究机构、民间社会组织和其他利益攸关方在食物供应链的所有阶段提供支持和采取行动。

随着世界人口和经济的增长，全球对有限资源的竞争将会加剧。在制定减少粮食损失和浪费政策的同时，政府要考虑到内部经济的独特背景，减少粮食损失和浪费的热点地区，权衡减少粮食损失和浪费与粮食增加之间的关系，不仅要制定针对减少粮食损失和浪费的政策，还要考虑对有助于减少粮食损失和浪费的食物系统或政策进行修改。此外，制定减少食物损失和浪费的相关政策时，还应将可持续材料管理与减少食物损失和浪费联系起来。美国可持续材料管理的方法与世界范围内政府和企业支持循环经济发展的内容相一致。这种系统的方法更能充分地认识到食物损失和浪费的影响，减少食物损失和浪费数量意味着食物资源的最合理配置和人与环境的和谐发展。

第二节　制定和实施减少食物损失和浪费公共政策的最佳实践

减少食物损失和浪费政策的制定和实施需结合不同类型的方针，政府可以考虑运用各种政策杠杆和法律手段提供经济市场上的奖励，收集食物损失和浪费政策制定和实施所需的资料。与制定和实施减少食物损失和浪费政策相关的最佳实践如下。

一、权衡不同经济体的经济环境

经济的具体性质、粮食和农业系统的地位会影响减少食物损失和浪费政策工具类型的选择和采取行动优先地点的选择。因此，制定和实施相关政策应考虑到当地的经济情况。亚太经合组织各经济体之间在食物生产、系统、价值链的性质以及食物农业生产方式等方面存在着显著差异，其将受到经济和人口结构、城市化水平、消费者偏好、营养需求和气候条件的影响而逐渐扩大。经济差异需要考虑的其他因素还包括经济对粮食进口的依赖程度、自然资源的限制以及整体食物供应链利益相关方之间的关系。制定和实施减少食物损失和浪费政策的咨询和参与过程，应建立在传统大众和公民认知的基础上。此外，政策措施的制定应专注于满足预期受益者的业务需求，特别要考虑到小规模供应链行动者、生产组织、土著人民以及任何弱势或边缘化群体的需求。

二、权衡减少食物损失和浪费的政策目标

亚太经合组织各经济体在减少食物损失和浪费方面有不同的目标。在考虑减少食物损失和浪费政策时，可使用一个系统框架（例如美国环境保护署食物回收等级制度，见图5-1）提供指导原则，这有利于协助各经济体厘清优先事项，为优先事项提供明确的方向。此外，还应遵循联合国粮食及农业组织（FAO）自愿减少粮食损失和浪费的行为准则，以促进可持续发展目标的实现。

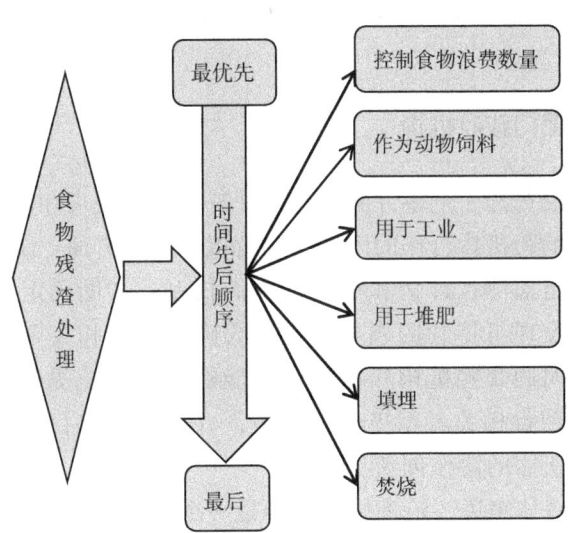

图 5-1 美国环境保护署食物回收等级制度

图5-1食物回收层次结构中所示的方法表明，要实现减少食物损失和浪费目标应做到以下3个方面：①防止多余食物的产生；②在无法预防的时候，下一个优先事项应该是保护或重新分配任何有益健康和安全的可食用多余食物；③在人类不消费的情况下，如何实现非人类食物或不可食用的部分和副产品重复回收利用。

三、权衡可能减少食物损失和浪费政策产生影响的范围

许多塑造或监管食物系统的政策对食物损失和浪费产生了影响,各经济体政府越来越多地考虑将食物损失和浪费问题纳入食物系统政策的主流,但与食物损失和浪费最直接相关的政策通常是由主要关注环境和自然资源的机构制定,而不是粮食或农业部门。各经济体经济背景的不同,使得食物损失和浪费与食物系统之间的问题更广泛。在整体食物系统政策中整合减少食物损失和浪费的行动,制定具体减少食物损失和浪费的政策,以最大限度地减少食物损失和浪费的产生,是促进政策具有一致性和确保构建减少食物损失和浪费政策框架适当性的有效途径。正如 FAO 在《减少粮食损失和浪费的自愿行为准则》中指出的那样,必须确保政策符合有关的国际区域法律或指导原则,充分确保人类尊严、公平正义、不歧视和性别平等,主动履行经济体法律和国际法规定的现有义务,积极兑现在适用的区域和国际文书下作出的自愿承诺。

四、协调多部门政府机构

食物损失和浪费是一个多方面的问题,减少食物损失和浪费需要协调多部门政府机构。影响跨机构合作的因素主要有以下 5 个方面:①职能和职责能否达成一致;②制定监测、评估和报告结果的机制;③明确定义短期和长期成效;④确定如何实现可持续的领导承诺;⑤确保利益相关者被纳入合作工作中。此外,还应明确哪些机构和各级政府能够最成功地提供服务和行动,同时允许所有关键利益相关者积极参与其中,并实现战略目标,实现减少食物损失和浪费目标所需的协作创新。

对于某些经济体来说,治理机构可能是一个独立于政府、私营部门和其他利益相关者之间的第三方实体。来自私营部门、民间社会组织和其他机构的行动者如何支持这些政策的执行,需要在相关政府、利益攸关方和其他关键行动者之间建立一种合作机制,这种机制对减少方案冗余、互利互补以及向食物供应链沿线的行动者提供技术援助和监管监督非常重要。

五、确保有足够的人力资源和财政资源

政策的有效执行需要确保负责执行的机构有足够的能力和资源。由于可持

续发展的重点是到2030年实现减少食物损失和浪费的目标，这就需要制定投资战略，以确保有足够长期的资金投入。如果政府实施了其他与减少食物损失和浪费战略相关的新行动或者任务，则可能还需要其他额外的能力或资源。例如澳大利亚政府在24个月内提供了超过130万美元的初始承诺资金，用来支持经济体其食物浪费机构自愿承诺的减少食物损失和浪费计划；投资1 000多万美元支持与工业部门一起开展的与减少食物浪费直接相关的研究。

第三节 减少食物损失和浪费的公共政策类型

食物损失和浪费的产生源于食物系统中潜在的经济因素，单一的政策不能有效地实现减少食物损失和浪费的既定目标。所以，这需要在整体食物系统中协调各种政策才能处理好食物供应链各阶段造成食物损失和浪费的问题或原因。本节将政府用来解决食物损失和浪费的政策区分为专门关注减少食物损失和浪费的政策与更广泛的食物系统政策进行阐述。

一、特别关注减少食物损失和浪费的政策

亚太经合组织成员经济体和其他经济体制定减少食物损失和浪费的政策越来越多。表5-1分析了与跨地缘政治边界相关的8种减少食物损失和浪费政策，这些政策提供了指导行动的框架。各种类型的政策和杠杆之间的协调对于避免发生意外后果和忽视食物损失和浪费的一个关键的潜在驱动因素非常重要，例如教育和外展运动（政策6）可以与促进食物救援政策（政策4）或澄清食物日期标签（政策5）的政策联系起来。这8种政策也应与影响食物系统的更广泛的政策一起考虑。例如食物损失和浪费的战略计划应与经济体中的食物系统、废物管理系统和气候行动计划相一致。

表5-1 减少食物损失和浪费的公共政策

1. 减少食物损失和浪费的战略计划 　　鉴于食物损失和浪费涉及许多政策领域，各经济体需要对减少食物损失和浪费的战略计划和框架进行战略性处理，并在关键机构之间进行良好的协调，使其能够有效地指导相关工作的开展。减少食物损失和浪费的战略计划是法律框架、食物计划、固体废物计划或气候行动计划的一部分，其中包含了减少食物损失和浪费的明确定义、目标和管理框架。

（续表）

2. 食物损失和浪费的数据测量

量化食物损失和浪费（理想情况下是在食物供应链的所有阶段）以确定食物损失和浪费的多少、来源和为什么产生及其去向。

3. 多方利益相关者协作

各级政府和参与食物供应链的行动者之间的协调合作是解决食物损失和浪费的有效途径。最常见的一种合作形式是公私伙伴关系，即政府和企业、政府和其他组织间的协作。

4. 粮食救助与再分配

这类政策的重点主要表现在以下 5 个方面：

（1）责任问题：保护食物捐赠者不会因捐赠食物而承担责任。

（2）经济激励措施：诸如税收抵免或扣减等机制。

（3）食物安全：制定以科学为基础的、明确的食物安全法规，探索构建适用于食物捐赠或转售的指导方针，以避免利益相关者的混淆。

（4）授权：诸如禁令、罚款、与慈善机构合作的义务以及鼓励重新分配未售出食物的强制性报告。

（5）食物救援和再分配实体的能力建设：与其他利益攸关方合作，大力支持粮食银行和再分配组织等实体的发展。

5. 食物标签

明确食物标签上日期的作用，增加安全食物的消费和捐赠。食物的有效期通常反映的是质量和味道，而不是安全，但会被企业、个人和监管机构误解。相关政策包括标准化日期标签、取消禁止捐赠或销售过期食物、延长允许的使用日期（例如对于长期、稳定在货架上的产品）和教育消费者关于日期标签的意义。与食物标签相关的是提供有关食物正确使用和储存信息的政策，以促进可追溯性系统的使用。

6. 对食物供应链行为者和公众的教育推广

向个人、社区、企业和其他利益攸关方开展教育和外展运动，是提高认识、分享最佳实践和推动实现减少食物损失和浪费目标的重要举措。这可能包含对个人、次级政府、企业和其他可能造成食物损失和浪费的单位开展转变的行动。

7. 有机材料管理规则

与退出人类供应链的食物和非食用组成部分的管理相关的法律法规包括以下 3 个方面的策略：

（1）使用剩余食物和副产品制作新食物或饲喂动物。

（2）可以处理的有机物质数量：处置禁令和回收法鼓励食物损失和浪费的产生者按照"食物回收层次结构"探索更可持续的做法，并优先考虑废物预防、捐赠、堆肥和厌氧消化，而不是填埋或焚化。

（3）有机物质和加工设施的许可开发和分类，例如堆肥和厌氧消化。

8. 创新

如何将食物保持在人类供应链中和改进对所产生的食物损失和浪费的管理是需要创新才能解决的问题。创新投资支持有利于创造就业机会和刺激经济发展，还能增强食物供应链的适应能力。提高食物管理水平或降低管理成本，可以通过以下 2 个途径来实现：

（1）投资研发，构建基于科学的解决方案。这可能包括提供资金创建平台、共同确定研发所涵盖的问题和聚集相关利益者。

（2）有针对性的财政服务工具和风险缓解机制可以帮助食物供应链行为者为减少食物损失和浪费和管理相关风险所需提供资金，这可能包括向整体食物供应链的组织提供低息贷款或赠款、贷款担保和混合融资，其中公共资金用于促进私营部门的投资、农业保险计划和通过定向发展来加强潜在借款人信誉的技术援助设施。

二、食物系统中影响食物损失和浪费的政策

食物系统中会影响食物损失和浪费的政策主要概括为 4 类，即农业和渔业政策、商业贸易实践、健康与安全要求和基础设施投资。其中，与经济相关政

策的制定取决于食物生产系统的性质、经济类型、食物进口依赖程度、营养需求以及整体食物供应链利益相关者之间的关系等因素。食物系统中关于食物损失和浪费程度的定量数据较少，但随着食物损失和浪费数据质量的提高和越来越多的政府采取全经济范围内的食物损失和浪费战略，与这些政策相关的影响和建议的解决方案将变得更加明确。亚太经合组织成员经济体如何利用这些政策来解决食物损失和浪费问题，以下提供一些可借鉴的经验。

（一）农业和渔业政策

侧重于增加产量和初级生产者收入、加强市场监管和促进经济发展的农业和渔业政策对食物损失和浪费的影响。调整导致生产过剩的激励措施和协调贸易伙伴之间的立法是解决食物生产过剩问题的有效举措。在食物过剩的地方，可以通过提供关于过剩粮食可用性的信息将产品提供给那些可以使用或购买它的人。此外，还可以鼓励使用先进的耕作方式和捕鱼技术来降低食物损失和浪费。

（二）商业贸易实践

商业贸易实践可能会影响食物损失和浪费，除了影响食物进出口法规外，还包括以下3个方面。

1. 对进口供应链的控制和检查

通过与其他贸易伙伴共同调整进口控制执行情况，可以减少处理和运输过程中的延误和中断。对于易腐产品，调整海关检查方法可能有助于减少食物腐败、实现更快的产品交付，从而减少食物损失和浪费。

2. 营销标准

标准可由成员经济体和食物供应链中的其他参与者实施。如果政府参与标准制定，这些标准导致食物损失和浪费，则政府需要对其进行检查或调整。政府还可以为那些可食用但被认为无法销售的产品创造替代市场（如公立学校膳食计划）。

3. 不公平的交易行为

食物供应链的扭曲会导致食物生产过剩，无法被市场吸收。解决不公平的交易做法可以提高食物链的弹性和增加商业伙伴之间的销售渠道。世界贸易组织关于农业非贸易壁垒和反倾销的协议有助于防止不公平的贸易行为，欧洲委员会在其农业食物供应链中，确定了需要考虑的与食物损失和浪费有关的具体因素，APEC 各经济体政府可以考虑制定并实施相关政策，以预防不公平交易行为的产生。

（三）与健康和安全相关的要求

针对健康和安全问题的立法对食物损失和浪费的产生有一定的影响，特别是在销毁产品的环节。其中包括针对产品质量和污染（如化学残留物、真菌毒素、微生物、入侵害虫）的法规、动物源性食物的冷却和冷冻规则以及与授权新食物成分有关的规则。调整这些要求需要科学的证据，从而使得这一过程变得漫长。各经济体政府可以考虑根据科学见解和现有技术调整评估标准系统或部署，更有针对性地跟踪最新技术。

（四）基础设施投资

食物损失和浪费的生成受到物理基础设施和服务质量的影响。世界银行的相关调查报告指出，在解决粮食损失和浪费问题时，建议将道路和其他运输网络的投资作为一项关键投资，以便为生产者提供更多、更可靠的基础服务。除此之外，在整体食物供应链中重要环节还有储存、冷藏和灌溉基础设施。减少食物损失和浪费的行动可能需要政府在质量安全系统上进行投资，同时还要确保电信、信息与通信技术和市场信息系统方面保持畅通。金融、物流、电信等部门在支持减少食物损失和浪费方面应与《APEC 服务竞争力路线图（2016—2025 年）》挂钩，以促进 APEC 经济体或个人创新减少食物损失和浪费的方案。各经济体还可以投资在产生和传播减少食物损失和浪费知识方面发挥积极作用的机构或部门。食物系统的中断可能会产生大量的食物损失和浪费，对此，各经济体可以根据《2015—2030 年仙台减灾风险框架》（联合国，2015 年）采取相应措施来避免食物损失和浪费。

第四节 减少食物损失和浪费策略包含的特性

本节包含减少食物损失和浪费的战略计划、食物损失和浪费数据收集、多方利益相关者协作、食物救助与再分配、食物标签、对食物供应链行为者和公众的教育宣传、有机材料管理规则、创新 8 个食物损失和浪费减少策略及其包含的特性，具体内容如下。

一、减少食物损失和浪费的战略计划

该战略的组成部分应基于对食物损失和浪费的水平和驱动因素的评估。许多经济体将减少食物损失和浪费的战略与食物系统、固体废物管理和气候行动相关的计划联系起来同时考虑。美国自然资源保护委员会对此做了如下评估。

针对美国食物系统计划目标，美国自然资源保护委员会指出：①在州一级，强有力的政策应包括全面的全州食物系统计划，开展减少食物损失和浪费工作应有明确的目标；②温和政策应包括区域食物系统计划或经济体计划，对实现目标的支持未能与其他区域计划进行协调，可以理解为几乎没有考虑要减少食物损失和浪费；③薄弱的政策是一项地区性的食物系统计划，没有得到政府更广泛支持，也没有解决减少食物损失和浪费的问题；④得到经济体基础设施支持的全州食物系统计划可能比区域或地方食物系统计划产生更广泛的影响。

对于美国的固体废物管理计划和目标，自然资源保护委员会指出，强有力的政策应包括当前的固体废物管理计划、零废物计划或有机废物管理计划，从而促进食物损失和浪费的减少，并提供减少废物的策略；温和的政策认为减少食物损失和浪费可以转移对固体废弃物管理的关注，但也有局限性，或许已经过时；薄弱的政策已经过时10多年，它不承认减少食物损失和浪费在转移战略中的作用。

对于美国的气候行动计划和目标，美国自然资源保护委员会指出，可以利用碳减排目标来证明和推动食物损失和浪费活动，强有力的政策应包括一个减少食物损失和浪费的计划，并确定特定部门执行计划中提及的工作；温和政策应包括气候行动目标以及支持工作开展的立法；气候行动目标的薄弱政策是由行政命令制定的，没有立法框架。在选择减少食物损失和浪费优先级方案时，考虑以下4个额外的最佳实践也很重要：①与行业合作设计；②寻求最佳的投资回报；③从食物系统的角度来分析；④创建计划，为供应链合作伙伴实现多重好处。

二、食物损失和浪费数据收集

评估、量化和监测食物损失和浪费为制定有效的策略和选择干预措施奠定了基础。建议各经济体量化导致食物损失和浪费产生的直接原因和潜在驱动因素，开发与数据收集、编译和报告相关的通用方法，考虑用其他量化方法来表示食物损失和浪费的数量，以便于描述其规模的相关性和一致性，最后再将食物损失和浪费的相关数据和有价值的信息纳入该部门的经济体会计框架。

美洲开发银行即将发布用于衡量粮食损失和浪费情况的指数，该指数对各经济体为实现可持续发展目标采取的措施作了客观评估，配套指南《减少拉丁美洲和加勒比地区食物损失和浪费的文本》包含了各经济体衡量其政府食物损失和浪费情况的几种方法的概述；《亚太经合组织经济体的食物损失和废物量化手册》提供了对食物损失和浪费的定义、量化方法和亚太经合组织案例研究的回顾。这些文件在一定程度上支持了亚太经合组织成员经济体开发属于自己的系统量化方法来估计食物损失和浪费。

三、多方利益相关者协作

各经济体可以支持或促成多方利益攸关方合作，但各经济体支持或促成利益攸关方合作的机制各不相同。这些合作中可能包括：私营部门与民间社会的合作、经济中各种司法管辖机构与跨经济体之间的协调、宣传和分享经验的信息平台的搭建以及公私伙伴关系的结构化。亚太经合组织《解决减少粮食损失和浪费可行性调查报告（2018）》重申了公私合作的重要性，概述了亚太经合组织成员经济体认为成功的公私合作项目的关键指标，强调了这些伙伴关系的优势和缺点。此外，《减少食物损失和浪费的自愿方法》提出了建立自愿协议的 5 个步骤：启动和建立、雄心和目标、治理和资金、实施行动、量化和评估。

四、粮食救助与再分配

重要的食物救助与再分配要考虑限制剩余食物捐赠或转售的障碍，特别是潜在捐赠者或其他人对责任和食物安全的担忧。各经济体政府可以实施支持性的财政激励措施，并考虑授权是否会促进剩余粮食的捐赠和再分配。

为了促进向食品银行或类似组织的食物捐赠，立法可以为食物捐赠者和食物救援组织提供责任保护。在其他司法管辖区开展责任保护，可以有效推进经济政策的落实，从而进一步降低参与食物救援人员的责任风险。各经济体可以考虑相关评估，以确定什么是强、中、弱的责任保护政策。强有力的政策更具保护性，它适用于直接向有需要的个人提供捐款和以少量或象征性的费用提供给最终消费者的捐款；适度的政策包括直接向有需要的个人捐款或以少量费用提供的捐款，又或者是更广泛的捐款；薄弱的政策提供保护范围并不比前述适宜的政策更广泛。《促进粮食捐赠：责任保护法律和政策》提出了一套加强全球粮食捐赠责任保护的政策框架，这是全球粮食捐赠政策地图集项目的一部分。

食物安全法规可能不会直接专门针对食物捐赠。因此，政策应明确说明可以捐赠哪些食物，促进适用于捐赠食物的次级政府法规的一致性，对捐赠的食物提供明确的安全指导，以吸引更多的潜在食物捐赠者参与其中。各经济体政府可以采取财政措施来促进捐赠或处理无法销售的剩余食物（包括接近过期但仍可安全食用的食物），利用税收优惠政策激励潜在的食物捐赠实体捐赠食物。这样做不仅减少了食物浪费，还支持了农业经济和食物生产者。

部分经济体已经制定了与"要求捐赠未售出的食物"相关的政策。虽然政策可能鼓励粮食捐赠，但这类政策也应考虑再分配工作需满足的条件（如运输、储存和后勤能力）。在粮食银行不发达的地方，政府可以通过制定结构化合同、食物安全标准、可追溯性实践和客户推广最佳做法来促进其相关事业的发展。

五、食物标签

各经济体在如何管理产品责任和日期标签上提供的信息方面各不相同。例如美国就没有联邦系统法规来规范食物日期标签的使用，制造商对选择食物日期标签有广泛的自由裁量权。为了帮助消费者和其他人更好地理解食物日期标签的含义，美国农业部食品安全检验服务处发布了一份关于食物日期的情况表。该表除提供相关信息外，还提出了一些关于鼓励食物制造商和零售商正确传达质量日期的建议。

实施标准化的双日期标签政策可以减少消费者的困惑，从而促进食物损失和浪费的减少。联合国粮食农业组织食品法典委员会针对食物质量安全制定了国际食物标准，并于2018年更新食物包装标签通用标准，承认这种双重标签系统是所有经济体的最佳做法。在评估美国的州一级政策时，使用以下方法来区分强烈、温和、消极的政策：①一项强有力的政策要求该州至少有一个强制性、标准化的日期标签管理政策，并与联邦指导政策相一致，用以明确区分食物标签上的含义，不禁止或不限制销售或捐赠过期食物；②积极的政策要求为某些食物贴上日期标签，但不禁止或不限制食物在过期后的销售或捐赠；③消极的政策要求某些食物贴上日期标签，并禁止或限制食物在标签日期之后的销售或捐赠。

六、对食物供应链行为者和公众的教育宣传

教育宣传活动是政府和其他行动组织用来解决食物损失和浪费问题的主要举措之一。各经济体可以自己开展相关活动或向社会、个人组织提供支持资金开展活动，在这个过程中，将食物损失和浪费问题整合到解决与食物系统相关问题的机构或职业学校培训中心是大范围开展教育宣传活动的前提；供应链操作者的教育培训应采取科学的方法，以使受教育培训者具备减少食物损失和浪费所需的技能。针对具体情况建立食物供应链是解决特定利益攸关方面临的任何可获得性限制和促进该部门内部经验分享与技术转让的有效途径；通过公共渠道提供关于食物损失和浪费的专业知识和其他咨询服务是普通民众了解食物损失和浪费相关信息的主要渠道，特别是对于初级生产者。世界银行在《食品智能国家诊断》报告中强调，需要对农民合作社和农民教育进行投资，以传播改进的粮食生产和处理、储存技术。联合国环境规划署关于《使用绿色数字技术减少消费食物浪费》报告中运用"绿色数字技术"对消费环节食物浪费的原因进行了分析，提出可以通过改变行为和技术创新等方法来减少消费者的食物浪费。

七、有机材料管理规则

FAO 数据显示，在低收入经济体，粮食损失和浪费大多发生在收获、储存、加工和运输环节，而在高收入经济体，粮食损失则发生在零售和消费环节。各经济体可以采取以下措施来促进食物原料的管理，以实现减少食物损失和浪费的目标。

（一）使用剩余食物和副产品生产新食物或喂养动物

各经济体可以考虑采取激励的政策措施鼓励安全使用剩余食物和副产品作为新食物或喂养动物的成分。具体来说，当剩余食物和副产品不再用于人类

消费而作为动物饲料时，各经济体可以协商制定一致的规则为有关部门和食物供应链中的操作者提供减少食物损失和浪费工作的指导方针。此外，还可以协调多个跨政府机构共同制定与动物饲料有关的法律法规和标准。

（二）规定可以处置食物的数量

规定食物处理机构可以处理多少垃圾（通常是在垃圾填埋场或焚烧厂）的政策与非食物垃圾收集的法律规定，禁止在垃圾填埋场处理食物。在评估美国的州一级政策时，强有力的政策适用于所有食物处理机构，并得到积极执行；温和的政策被强制执行，但只针对选定的机构，被选定的机构很少被豁免；薄弱政策由于缺乏执行能力而未能有效实施，使得若干食物处理机构被豁免。

（三）食物原料加工设施的开发和许可分类

决策者应帮助食物废弃物处理设施通过许可程序，并简化它们的许可分类。许可证因地区而异，但通常与土地使用法律有关。根据对美国州和地方一级政策的评估，美国自然资源保护委员会对食物原料加工设施的开发和许可分类提出以下建议：①强有力的政策应包括分离有机物和来源的监管层和分离有机物的最佳管理实践，以为分离有机物的厌氧消化提供单独的许可过程；②温和的政策同样提供了专门的分离有机物监管层，但它堆肥同样要求分离有机物和混合固体废弃物，这可能会使经济可行性受到限制；③薄弱的政策也包括对分离有机物的监管，但存在受场地面积和许可证限制的缺点。关于可回收有机物产出的发展中市场，政府可以考虑运用采购或招标机制，要求开发商在其项目中使用堆肥产品或可回收的有机材料，以确保被归类为"废弃物"的东西不会妨碍分离有机物。

八、创新

各经济体政府可以通过鼓励投资、有针对性的财政服务和风险缓解机制来刺激与减少食物损失和浪费相关的技术创新。亚太经合组织高层就建立可持续的粮食损失和浪费政策开展对话，其摘要中特别指出以下方面的创新机会：①技术方面，温度和含水量控制系统、质量控制系统、包装和储存改进、运输改进以及其他适应气候变化的技术改进等方面的技术创新；②非技术方面，农场程序、整体供应链、温度控制和冷链处理程序等领域的改进。

联合国粮食与农业组织《减少食物损失和浪费自愿行为准则》中提出可通过以下方式促进创新：①支持知识交流和培训；②为发展技术创新实践提供研究资助；③确保有一个适当的机构和监管框架。这项研究可以通过匹配的资金和实物捐助，得到私营部门和学术界的支持。除了证明稳定化方案的可行性外，政府的支持有助于将新技术商业化。新技术商业化后，其监管机构应采取适当的措施确保治理过程有效，以促进私营部门在该领域的投资开发产生规模效益。在这过程中，由于提供了金融服务和政策支持，决策者应考虑到预期受益人的业务需要，比如为农业生产者提供农业保险，以降低其生产成本。在实施拨款激励计划时，建议建立一个可持续的资助模式，以确保创新机会的宣传和获取。

第五节　对减少食物损失和浪费政策的盘点

APEC 农业技术合作工作组和粮食安全伙伴关系论坛 2018 年的调查显示，亚太经合组织中有 3 个经济体在经济层面上制定了与减少食物损失和浪费相关的政策；有 10 个经济体已经制定了减少食物损失和浪费的目标计划；新西兰、秘鲁和中国台北制定了很多减少食物损失和浪费的政策，但还没有一个在经济层面有具体实现目标的政策。澳大利亚和美国已经采取了全面措施减少食物损失和浪费，并在网上发布了有关政策的信息。本节重点概述亚太经合组织成员经济体减少食物损失和浪费现有的公共政策。

一、亚太经合组织成员经济体减少食物损失和浪费政策

更广泛的经济层面是政策盘点的重点，但经济体内部的其他司法管辖区在政策制定和推动减少食物损失和浪费措施的实施方面也发挥着关键作用。其中一些机构还为社区、企业和其他机构提供了资金资源，例如澳大利亚地方政府在各州立法框架内采取以下行动来减少食物损失和浪费：①为家庭购买堆肥箱提供补助金和退税；②评估餐馆和咖啡馆试点项目的食物浪费做法，减少送往垃圾填埋场的食物数量；③支持企业采购减少损失和浪费的食物，以便将其转化为有价值的堆肥或新产品。加拿大零废物委员会汇集各地政府、企业和非政府组织，通过对食物损失和浪费的网络关注推动了加拿大各地减少食物损失和浪费行动，吸引了整体食物链参与者的参与，极大地促进了经

济模式向循环经济过渡。澳大利亚2019年编制了各州对现有减少粮食浪费倡议的自我盘点和自我投资报告，统计了食物损失和浪费总量，总结了非联邦一级的政策。2020年，维多利亚州政府提出要推动维多利亚州走向循环经济，以帮助澳大利亚实现食物损失和浪费减半的目标；2021年，维多利亚州政府发布《一半之路》报告，解释了食物浪费的真实成本，并研究了来自全球各地的解决方案及其减少食物损失和浪费的潜力与其在维多利亚州的影响。美国环境保护署在网上提供了州一级地区的食物损失和浪费项目摘要，美国自然资源保护委员会编制和评估了3个地区（五大湖、大西洋中部、东南部）12个州的食物浪费政策，分析了与减少食物损失和浪费相关的联邦政策清单；美国食物浪费政策调查者数据库提供了与食物损失和浪费相关的州一级地区的食物损失和浪费地图。

以下为减少食物损失和浪费政策措施的实施情况（截至2021年11月），不包括目前正在考虑发布的政策。

（一）减少食物损失和浪费的战略计划

2016年10月，中国政府启动题为《促进减少食物损失和浪费》的粮食产业发展"十三五"规划，中国香港特别行政区推出了《香港厨余及园林废物计划2014—2022》。新加坡原本没有通过以粮食捐赠作为解决食物损失、食物浪费和饥饿问题的经济体法律或政策，至2019年，新加坡政府根据《2019年资源可持续发展法案》和"走向零浪费"运动才将减少食物损失和浪费作为其优先事项。加拿大致力于实现可持续发展目标12.3[①]，不支持在全国范围内实施减少食物损失和浪费战略计划。澳大利亚制定了到2030年将其食物浪费减半的目标，与联合国的可持续发展目标12.3相符合，该目标包括初级生产在内的所有价值链部门。澳大利亚为减少食物浪费采取的相关战略计划主要有《澳大利亚食物浪费战略》《澳大利亚废物政策行动计划》和《澳大利亚食物浪费战略可行性研究》。在实施减少食物损失和浪费战略的早期，澳大利亚政府任命独立于政府的澳大利亚食物创新有限公司作为协调活动的中心点。2020年，澳大利亚将相关信息初步汇编，进一步充实了反对粮食浪费合作研究中心开发的知识库。2021年，澳大利亚"停止食物浪费"组织开始作为一

---

① 联合国要求到2030年在供给和消费层面、人均全球食物损失和浪费减少一半，减少在生产和供应链中的粮食损失。

个新的运作实体，推动了澳大利亚减少食物损失和浪费政策计划的实施。"停止食物浪费"组织的成员代表了所有利益相关者，包括地方政府、行业协会和民间社会组织。该实体还将实施《澳大利亚粮食协定》，旨在带动其他实体积极响应政府减少食物损失和浪费的号召。2021年，澳大利亚食物创新有限公司发布了《澳大利亚食品废物战略可行性研究（2021年最终报告）》，评估了到2030年澳大利亚食物浪费减半目标是否可行。2015年9月，美国农业部和环境保护署共同宣布了减少食物损失和浪费的目标，即到2030年将食物损失和浪费减少一半。为了实现这一目标，2018年，美国农业部、环境保护署和美国食品药品监督管理局共同颁布了《减少食物浪费的倡议》，并于2019年发布了《减少食物浪费的联邦机构间战略》，减少食物浪费的联邦机构工作组由行动计划、发起计划和协调食物损失与浪费活动的核心工作人员组成。2019—2020年联邦机构间战略优先考虑了6个行动领域，美国农业部、环境保护署和食品药品监督管理局与公共、私人和非营利性合作伙伴共同制定了支持这6个领域的年度工作清单。

  2021年，美国政府对2030年食物损失和浪费减排目标的解释与联合国可持续发展目标12.3保持一致。环境保护署制定了"食物回收等级制度"框架，该框架优先考虑各组织防止食物损失和浪费所采取的行动，等级制度的每一层都关注食物损失和浪费的不同管理策略，顶层是防止食物损失和浪费的最佳方法，因为它们为环境、社会和经济创造了最大的效益。此外，美国农业部经济学家向环境保护署提供了6个月的详细资料，以协助环境保护署城市固体废物估算、食物废物估算以及其他相关工作，还聘请了食物损失和浪费联络处的专家参与其中，以加强机构间的协调（由2018年农业法案支持）。

  2019年5月，日本国会颁布了《促进减少粮食损失的法案》，2019年10月1日生效，是其政府减少家庭食物浪费计划的一部分，旨在促进实现可持续发展目标12.3；日本2001年颁布了《食物回收法案》，该法案规定了产生大量食物废物的企业必须采取措施减少或回收浪费的食物，并定期向政府报告其食物浪费的情况，此外还鼓励将浪费的食物转化为肥料或饲料。在马来西亚，减少食物损失和浪费政策是2016—2025年马来西亚第3项营养行动计划和营养研究优先事项的一部分；减少水稻收获后损失是第3项农业政策和第11项马来西亚计划。2019年7月，秘鲁政府通过促进减少和预防食物损失和浪费的第30988号法律。2021年，秘鲁启动"有机废物管理"项目，旨在通过改善监管和制定减少食物损失和浪费相关战略，加快碳循环与有机处理。

（二）食物损失和浪费的数据获取

联合国粮食与农业组织为智利农业部制定了一套量化水果和蔬菜损失的方法——分析智利一级生产阶段水果和蔬菜损失的衡量和管理。日本环境省于2021年4月披露了2018财年日本食物损失和浪费的估计量。澳大利亚食物废弃物基线于2019年宣布，这是澳大利亚首次对其规模和整体食物供应和消费链的详细量化。其作为食物浪费战略可行性研究的一部分，量化了从初级生产到消费再到处置或回收的全过程，并于2021年对其进行了更新和改进。澳大利亚联邦科学工业研究组织基于2017—2018年进行的全境食物损失调查和澳大利亚水果和蔬菜零售前的损失地图，概述和估计了在农场、包装厂和州一级加工过程中发生的水果和蔬菜损失的来源和数量。美国环境保护署早在20年前就开始分析有关废弃材料回收的数据，但不包括工业部门，因为它不属于城市固体废弃物的范围，并每年都会发布《推进可持续材料管理：事实数字》。该报告从住宅、商业机构（如杂货店和餐馆）和机构来源（如学校自助餐厅）3个部门收集垃圾填埋场燃烧食物数量的数据。2020年，美国环境保护署修订了食物浪费衡量方法，将范围扩大至工业部门，还开发了废弃物减少模型来帮助固体废弃物规划者和组织跟踪不同废弃物管理实践的经济影响——减少来源、回收、厌氧消化、燃烧、堆肥和填埋。2021年，美国环境保护署发布了《从农场到厨房：美国食物浪费的环境影响》报告，该报告重视食物损失和浪费与农业土地利用、用水、杀虫剂和化肥的使用、能源使用和温室气体排放之间的联系；评估了美国食物损失和浪费的环境足迹；得出了"通过减少食物损失和浪费可以实现环境效益"的结论。此外，美国环境保护署提供了用于食物损失和浪费数据测量的各种工具，其中包括食物过剩地图、食物浪费评估指南、减少食物浪费工具包等，测量到的数据被广泛引用于相关报告之中。

（三）多方利益相关者协作

2017年，联合国粮食及农业组织与智利农业部农业政策研究室、农业饮食科技研究学院、食物质量安全检测机构、圣地亚哥大学及相关网络公司共同成立了预防食物损失和浪费委员会。委员会在其运作期间的目标如下：①协调公共和私人部门行动者共同开展减少食物损失和浪费相关工作；②为制定与食物损失和浪费有关的法律、公共政策和行动提供一个有效的框架；

③支持相关领域研究工作的开展,并及时宣传有利于减少食物损失和浪费的研究成果。此外,相关组织正在让私营部门、开发银行和金融家参与进来,以加快智利有机废弃物战略的实施。澳大利亚农业部和环境部及多个利益相关者共同制定了《停止食物浪费伙伴关系计划》。2021年10月澳大利亚启动了自愿协议——《澳大利亚食物公约》,此协议鼓励行业组织间积极展开竞争前合作。在执行部门现有行动计划的基础之上,澳大利亚政府还制订了新的行动计划,这在为特定部门提供项目支持的同时,有效地减少了澳大利亚食物损失和浪费,还在一定程度上推动了食物供应链参与者与政府之间的合作。2019年,减少食物损失和浪费的联邦机构间合作计划执行者与致力于减少美国食物浪费的非营利性组织签署正式协议,该协议旨在促进资源的合理利用和评估。食品制造行业、零售行业和食品服务部门共同创立了减少食物浪费联盟,该联盟促进了工业领域减少粮食损失和浪费工作的正式化。2011—2021年,美国环境保护署举办了食物回收挑战活动,作为一个自愿激励计划,其在减少食物损失和浪费方面所起到的作用不是很明显。美国食物损失和浪费量最多的是来自整体食物链中的企业组织,其公开承诺到2030年将美国企业经营中的食物损失和浪费减少50%。2020年,美国环境保护署邀请州、地方县政府和政府组织签署解决美国食物损失和浪费问题承诺,承诺的主要内容与食物链中企业组织所承诺的内容基本一致。美国、加拿大和墨西哥在环境合作委员会的背景下,就解决北美产生的食物损失和浪费问题方面积极展开合作,合作主要围绕如何管理北美食物损失和浪费与如何衡量食物损失和浪费两方面展开;2019年2月,加拿大行业、政府和非营利部门的专家分享了一些相关想法,并就如何衡量食物供应链中减少食物损失和浪费展开了讨论。2021年,墨西哥启动了一项多方利益相关者自愿协议,其目标是通过提高整体生产链过程的效率,使墨西哥到2030年将食物损失和浪费减少50%。

(四)粮食救助与再分配

秘鲁《食物安全法》和《一般卫生法》都制定了一个最低食物安全标准,该标准适用于免费分发或提供的食物。《食物安全法》明确提到了食物捐赠,但没有详细说明适用于捐赠的食物的具体安全标准。《食物捐赠法》限制了食物捐赠者和食物回收组织的责任,只有在有证据表明与捐赠食物存在重大过失或欺诈的情况下才会追究相关刑事或民事责任,即便如此,大多数捐赠者和食物捐赠组织还是提出"扔掉食物比捐赠食物更便宜"。根据一般销售税和选择性消费税法，新加坡的《食物销售法》规定了境内食物安全标准，但似乎将捐赠的食物排除在其要求之外。增加食物救援是澳大利亚食物浪费路线图的一个关键要素。2020年，反对粮食浪费合作研究中心和澳大利亚食品银行共同发布了一份报告，该报告确定了一项改革的潜在选择，即食物浪费税激励。《食物浪费战略可行性研究（2021年最终报告）》指出，一项关键的干预措施，包括改善向食物救助慈善机构捐赠食物和其他基本服务的税收优惠。食物救援部门的行动计划目前正通过指导委员会实施，该指导委员会涉及澳大利亚停止食物浪费组织和四大食物救援组织，食物救援部门的行动计划为扩大食物救援规模奠定了基础。美国环境保护署开发了交互式的过剩食物获取地图，该地图可显示一个地区潜在的过剩食物来源和潜在的非垃圾填埋场过剩食物接受者。美国农业部通过开发适用于收集过剩食物的工具包促进了食物收集项目的发展，并呼吁食物部门中所有企业在条件允许的情况下，捐赠多余的食物和使用《共享表实施指南》。在粮食救助与再分配立法方面，《美国联邦食品捐赠法案》规定了采购合同，鼓励联邦机构和承包商向合格的非营利组织捐赠多余的健康食物，以养活处于食物不安全境况的人。2011年，美国国内税收法典为企业提供了税收减免，以鼓励其向合格的非营利组织捐赠健康食物。2015年，美国国会通过了《保护美国人免受增税法》，该法案将永久性减税扩大到所有类型的企业。2018年，美国农业法案中有几项与食物再分配有关的条款范围扩大至各州，以此支持农产品捐赠，澄清对食物捐赠者的责任保护和实体直接向有需要的个人捐赠食物。加拿大法律允许个人捐赠者申请15%的税收抵免，要得到这种福利，捐赠者必须首先在他们的税收中计算食物的价值。墨西哥为粮食捐助者提供的责任保护是有限的，其《一般卫生法》通过将独家责任转移给中间的食物回收组织来保护食物捐助者，对那些授权后对人类食物消费造成不安全影响的人进行惩罚。墨西哥还为提供食物捐赠的企业和个人提供经济体税收减免支持，只要捐赠的食物仍然适合人类消费便可享受该政策。新西兰社会发展部计划在两年内投资3 200万美元为食品银行、食物救援组织和向遭受粮食不安全的人提供粮食、资金支持。

（五）食品标签

智利食物卫生条例要求食物制造商在日期标签上附加一个"有效期"，并允许对预先包装的食物使用基于质量的"最小持续时间日期"。墨西哥颁布了日期标签标准，要求食物包装制造商选择安全的标签或基于质量的标签，没有规定是否可以在首选食用日期之后捐赠食物日期。秘鲁的日期标签是根据技术规则进行标准化的，该规则要求所有易腐烂的食物都要有一个"有效期"，监管定义没有将此日期定义为基于安全的标签，也没有为制造商提供替代标签。新加坡的日期标签制度要求制造商在"使用""销售""到期日"或"最好之前"4个日期标签中进行选择，也没有明确将这些标签定义为基于质量或基于安全的标签，但也没有明确允许在基于质量的日期之后捐赠食物。《澳大利亚食物浪费战略可行性研究最终报告》指出，统一的、可以理解的日期标签系统是向消费者传达食品信息的重要手段。澳大利亚现有的日期标签系统主要受1991年澳大利亚、新西兰的食品标准法案和澳大利亚、新西兰的食品标准的管辖，改进日期标签的责任以及延长允许使用日期的政策制定很可能由私营部门领导。根据这项立法，在澳大利亚销售的大多数食品都可以按"使用"或"最佳"日期分类；其他常用的日期标签还有"包装""烤"和"烤前"。

在美国，除了婴儿配方奶粉以外，没有联邦法律明确规定如何使用食品日期标签，也没有限制销售或捐赠过期食品的法律法规。虽然美国国会已经赋予FDA和美国农业部保护消费者免受"食物侵害"的一般权力，但美国食品药品监督管理局和美国农业部没有使用这一权力来约束食品日期标签的使用。美国农业部的食品安全检验服务处发布了一份关于食品日期的情况说明书，并回答了常见的问题；美国食品药品监督管理局面向消费者制作了一个名为《被食物包装上的日期标签混淆了吗?》的食物日期标签识别视频，希望通过这些措施来提高普通民众识别食品日期标签的能力。

（六）对食品供应链操作者和公众的教育推广

在澳大利亚，经济层面的教育推广工作由反对粮食浪费合作研究中心牵头。消费层面，澳大利亚发布了各种报告，例如《减少家庭食物浪费干预措施设计全球最佳实践》《澳大利亚家庭食物浪费：行为、态度、感知和实际食物浪费的总结》《澳大利亚家庭减少食物浪费干预的概况》，旨在通过报告的形式来支持未来由政府或该行业领导的食物损失和浪费工作的开展。企业层面，2020年发布了《澳大利亚工业食品浪费培训需求分析》报告，该报告为食品行业的行为者提供了行动建议，使食品供应链行为者能够更容易地获得减少和处理企业食品浪费的技能。反对粮食浪费合作研究中心将利用行业链接中心为行业参与者和更广泛的行业传递相关信息，以加快新知识、新技术、新方法和新流程的传播。中国在"干净盘子"倡议启动后，全国人大起草并通过了《中华人民共和国反食品浪费法》，并于 2021 年 4 月 29 日生效。马来西亚 2016 年设立了"马来西亚节约项目"，旨在通过此项目的实施实现减少食物损失和浪费的目标。2015 年，新加坡环境局启动了一项减少食物浪费的计划，该计划鼓励民众养成食物购买和储存习惯；减少不必要的食物开支。美国环境保护署针对食物制造商、餐厅和杂货店提供了针对性的"预防食物损失选项"提示；针对广大受众提供了"可持续材料管理网络学院"网络研讨会实施的成功项目和各种最佳管理实践；针对社区提供了一套广泛的最佳实践，包括条例、政策、项目、合同、推广和技术援助、基础设施等方面；针对有信仰的社区开发了一套食物管理工具包；针对联邦设施餐饮服务场所提出了堆肥建议和减少食物浪费的方法（视频）及联邦食物服务指南（由几个政府机构共同编写）；针对企业提供了各种资源和处理食物垃圾的厌氧消化设施；针对学校，美国农业部在其网站上提供了一系列减少 K-12（从幼儿园到 12 年级教育）学校食物浪费的书籍。此外，美国农业部的食物损失和浪费网站为企业和农民提供了一个网页，该网页汇集了美国农业部的书籍，并链接到其他网站。加拿大、墨西哥和美国环境合作委员会合作出版了《粮食问题行动手册》，其中包含信息资源和亲身参与的创造性活动，以激励北美青年在家中、学校和社区减少粮食浪费。加拿大和智利政府在环境合作协议框架内的合作为一些公共教育资源的开发作出了贡献，这包括一本关于家庭堆肥与市政当局堆肥的手册以及给学校教师的报告。此外，还举办了数十场网络研讨会，旨在提高社区对废物管理与气候变化联系之间的认识。

（七）食品材料管理规则

澳大利亚农业部、水资源部和环境部的 3 份报告就食物循环再造的主要事宜提供了指引。《澳大利亚可回收有机物法规和标准审查（2021 年）》确定了食品回收中的关键问题，并为澳大利亚可持续的食品回收行业提供了建议。《澳大利亚食品回收行业能力评估（2020—2021 年）》模拟了不同食品回收率（70%~95%）对澳大利亚食品回收行业的影响，这项独立而有力的评估为澳大利亚有机回收行业的进一步发展奠定了基础。《提高有机废物回收率的机会（2020 年）》陈述了澳大利亚废弃物政策目标、有机废弃物生成或回收的意义和基于全球努力的最佳实践，对提高回收率和未来潜在回收率的机会等方面做了分析。美国自然资源保护委员会的食物浪费政策差距分析和清单描述了大西洋中部、东南部和五大湖地区食品处理基础设施许可的演变过程。目前，堆肥业务受到州和地方官员的监管，环境保护署在其网页上提供了有关堆肥的各种介绍。美国食品药品监督管理局对用于人类食用或动物饲料的物质进行了监管，并与美国食物垃圾政策查询数据库提出了以下论断：① 根据联邦法律，食物残渣与动物衍生的副产品被授权设施热处理之后可用来喂养动物；② 含有动物副产品的食物残渣不能用来喂给反刍动物。联邦法规对食品材料管理起到了设置基准的作用，但大多数州的法规都超越了基准线。2021 年 7 月，加拿大发布了《加拿大食品管理和收集实践现状》报告，审查了 10 个省和 3 个地区的有机物政策和批准、许可制度及食品转移计划在境内的有效性、食品处理设施的数量、处理能力和吨数。韩国在 2005 年便开始禁止在垃圾填埋场中处理浪费的食物，2013 年政府开始使用特殊的生物可降解袋强制回收食物垃圾。新加坡《资源可持续性法》要求产生大型餐厨垃圾的机构对餐厨垃圾进行分类处理，并从 2024—2025 年起分阶段实施现场餐厨垃圾处理制度。中国台北制定了有关废弃物处理的强制性措施，并鼓励生产者将废弃物转化为增值资源。

（八）减少食物损失和浪费的创新

2018 年，在 3 000 万美元赠款的资助下，澳大利亚成立了"反粮食浪费合作研究中心"，并与行业伙伴开展为期 10 年的合作，合作资金包括由 60 名参与者筹集的 3 300 万美元现金和 5 700 万美元实物资金组成。这些项目支持多项减少食物损失和浪费政策，其中包括改善粮食救援和再分配以及对消费者的宣传教育。澳大利亚政府将投资 6 700 万美元建立"减少食物浪费促进土壤健康基金"，加上参与的州和地区政府以及工业界的捐款，该基金将超过 1.7 亿美元，其主要用于新建或改善食品废弃物回收基础设施和维护休耕期土壤健康。为确保农产品质量、食用安全和检测标准的一致性，将采取以下措施：① 通过教育宣传减少污染；② 鼓励回收食品废弃物的同时增加对堆肥好处的认识；③ 更新澳大利亚 2012 年第 4454 号文件——《堆肥、土壤改良剂和覆盖物》中的堆肥标准，以确保堆肥产品是一流的、安全的、一致的；④ 更新政府采购指南，以刺激高品质堆肥市场。美国联邦机构（包括美国环境保护署和美国农业部）制订了小企业创新研究计划，帮助开发保护人类健康和防止食物浪费的项目。美国环境保护署对整体食物回收体系进行研究，研究样本包括以下 4 个方面：① 食物垃圾管理中的新问题，持久性化学污染物、塑料污染、商业预处理技术；② 从示范研究中学习如何减少军队厨房的食物浪费，以及有机废弃物转移的可行性；③ 研究、评估包装技术；④ 报告与各种食物垃圾管理方案相关的问题——从厌氧消化系统到垃圾填埋场、从农场到厨房。2021 年 9 月，美国政府宣布了《未来粮食保障计划》，承诺在 5 年内提供 6 000 万美元奖励为减少粮食损失和浪费提供关键解决方案的新研究，进一步增加了美国国际开发署先前为支持减少食物损失和浪费相关技术创新提供的资金支持。美国农业部经济研究局发表了《关于农业和零售业部门食物损失的经济驱动因素：美国农产品供应链的研究报告》，该报告探索了减少粮食损失和提高种植者收入的潜在机会。此外，美国农业部还建立了一个提供来自美国农业部多个机构"赠款、贷款和其他支持"的信息网页。美国农业部支持创新的其他办公室有农业研究服务处、农村发展处、农业服务机构、粮食和农业研究所、城市农业和创新生产办公室。加拿大将"减少食物浪费挑战"作为食物政策的一部分，为支持 2020 年设定的食物废弃物管理目标，加拿大环境与气象部门在《城市固体废弃物食物处理技术文件》中为地方政府发布了关于有机物处理方法的研究报告，还通过低碳经济基金和基础设施投资计划对废弃物管理基础设施进行了投资。智利政府通过实施有机回收项目的方式帮助市政府更快地获得废弃物管理项目资金，这有助于缩短相关项目获得资金的时间。新西兰政府在财政上支持"废弃物减少基金"，以资助地方政府重复使用或回收再造材料的项目（这已被用于减少鱼类流失量的项目）。新加坡的"3R 基金"是一个通过废弃物最小化和回收来实现减少食物浪费的联合资助计划，2021 年初，作为创新挑战的一部分，新加坡环境署和企业联合呼吁减少商业场所的食物垃圾，并强调将其回收利用。

第六章　APEC《奥特亚罗瓦行动计划》

《2040年亚太经合组织布特拉加亚愿景》是到2040年建立一个开放、有活力、有韧性、和平的亚太共同体，造福亚太地区全体人民和子孙后代。在落实《2040年亚太经合组织布特拉加亚愿景》的过程中，各经济体要以1994年《茂物目标》和1995年《亚太经合组织大阪行动议程》等APEC创始文件为基础，继续履行亚太经合组织的使命和原则，秉持平等伙伴关系、共同责任、相互尊重、共同利益和共同受益的精神，接续推进《2040年亚太经合组织布特拉加亚愿景》。为实现《2040年亚太经合组织布特拉加亚愿景》，APEC协商制定了《奥特亚罗瓦行动计划》，该计划列出了为实现《2040年亚太经合组织布特拉加亚愿景》而采取的经济体单独行动、集体行动和进展评估，并逐步盘点和调整《奥特亚罗瓦行动计划》，以确保其在《2040年亚太经合组织布特拉加亚愿景》的所有要素中保持全面、平衡和相关性。同时，也不排除亚太经合组织为落实《2040年亚太经合组织布特拉加亚愿景》开展的其他工作，以使其成为一份充满活力的文件。

第一节　贸易投资

为确保亚太地区仍然是世界上最具活力和联系最紧密的区域经济体，自由、开放、公平、非歧视、透明和可预测的贸易投资环境非常重要，APEC各经济体应继续共同努力，让亚太经合组织贸易投资环境更加自由、开放、公平、非歧视、透明和可预测，最终实现贸易投资的自由化。

亚太经合组织应采取行动，减少不必要的贸易壁垒，促进贸易便利化的监管改革，以推进货物贸易自由化、服务业开放化、合作便利化（包括落实《APEC服务业竞争力路线图》）；加强投资便利化和自由化的基础设施建设，以促进优质投资流动和知识产权的有效保护与发展；加快落实贸易措施和相关政策，以提高经济体的透明度、可预见性和开放性；重申支持世界贸易组织已商定的规则,构建一个运转良好的多边贸易体系,以促进国际贸易流动的稳定性和可预见性。

长期以来,亚太经合组织成员有效和透明地履行着现有的和未来的承诺,在适当的情况下,坚持以市场为导向,发展高标准、综合性的区域事业,加速实施相关政策措施,并在这些措施之外进一步努力促进贸易流动的稳定性和可预见性。发挥亚太经合组织创意孵化器的作用,推动建立以世界贸易组织为核心、运转良好的多边贸易体制;关注世界贸易组织谈判进展,执行世界贸易组织谈判产生的纪律,以创建自由、开放、公平、非歧视、透明和可预测的贸易投资环境;适当鼓励世界贸易组织成员就世界贸易组织所有职能进行必要改革的讨论,以促进能力建设;实施和遵守世界贸易组织规则(包括透明度等),采取市场驱动的方式进一步推进《茂物目标》和本区域经济一体化,以加快实现高水平和全面的区域贸易安排。

开展亚太经合组织集体行动应遵守《亚太经合组织利马宣言》规定的细则,有效推进亚太自贸区议程,加强亚太经合组织在本地区贸易投资问题上的关键孵化器作用,落实能力建设方案,就发展和参与高水平区域活动的最佳做法开展合作,探讨和研究本地区相关贸易协定各章节趋同和分歧领域,完成《茂物目标》未完成的工作,接续以市场驱动的方式进一步深化本区域经济一体化。

为促进无缝互联互通、有韧性的供应链和负责任的商业行为,亚太经合组织各经济体应采取以下措施:① 落实《亚太经合组织互联互通蓝图》,采用国际认可的标准,优化有效的标准,以加强亚太经合组织内部互联互通和弹性供应链,推动边境程序数字化,促进所有利益相关方的贸易投资便利化;② 全面实施世界贸易组织《贸易便利化协定》,并在适当情况下寻求进一步发展,以改善实体机制和人员交往的互联互通现状;③ 通过创造透明的监管环境促进对话和分享最佳实践,消除关键基础设施差距,加强对互联互通高质量基础设施的投资建设,使其在生命周期成本方面保持可及性、可持续性和可负担性;④ 改善本地区的数字互联互通现状;⑤ 采取促进人们安全跨境流动的措施,促进人员的安全跨界流动,特别是在与新冠肺炎疫情有关的卫生和旅行措施不断变化的情况下,以促进旅游业、航空业和受类似影响的部门的经济复苏;⑥ 加强多方利益相关方合作,特别是与私营部门的合作。

第二节 数字化创新

为了增强 APEC 地区所有人和企业参与互联互通的全球经济的能力，APEC 应加强数字基础设施建设，为数字转型、数据流动和缩小数字鸿沟创造有利条件，以营造一个以数字经济创新为市场驱动的有利发展环境。

一、宏观经济政策

亚太地区的经济增长建立在人人享有稳定、可持续和有韧性的宏观经济环境的基础之上，这要求各经济体继续改善其宏观经济政策（包括稳健的财政和货币政策）的弹性和可持续性，以推进结构性改革和经济政策的完善，进一步提高区域生产活力。还要提高财政可持续性和透明度，以支持长期有韧性的发展和未来的融资需求，促进未来经济的增长。此外，各经济体还应在亚太经合组织相关论坛上就宏观经济政策积极开展合作，及时分享实时信息与最佳做法，增强支持履行承诺的能力，利用数字技术促进卫生系统创新，例如远程医疗和数字卫生方面的创新可以使民众能够获得高质量和公平的卫生服务，其也是应对全球新冠肺炎疫情的有效措施，能有效地促进亚太区域的经济复苏。

二、结构改革

近年来，APEC 区域改善了经济体、企业和民众之间的数字互联互通情况，加强了信息和通信技术使用的安全性，提高了本地区数字基础设施的可及性和可负担性，扩大了数字经济的参与范围。虽然在结构改革方面取得了一定的进展，但与发达地区相比还是存在较大的差距。接下来，各经济体应把改革努力集中在那些最有可能提高生产率和促进创新的经济领域，用创新来推动本区域生产力的增长。除此之外，还应在《深化亚太经合组织结构性改革议程》四大支柱下推进亚太经合组织未来结构性改革的倡议；在亚太经合组织相关论坛上就服务业和数字经济等结构性改革问题方面积极开展合作。

亚太经合组织的数字创新环境由市场驱动，在亚太经合组织跨境工商往来争端在线解决合作框架下，各经济体需落实《亚太经合组织互联网数字经济路线图》，支持跨境工商往来，支持服务业、制造业和农业等产业数字化，推动数字技术在贸易、金融、公共服务和卫生保健等领域的实际应用，以促进亚太地区包容和可持续增长。要继续在促进数据流动和加强消费者、企业对数字交易的信任方面开展合作，以促进电子商务和数字贸易的发展。

各经济体应采取可互操作和非歧视性的监管或非监管方式加强能力建设，采用新兴技术应对阻碍实现赋能、包容、开放、公平和非歧视的数字创新环境所面临的挑战，积极推广促进竞争和创新的数字经济方法，组织各利益相关方在数字问题上展开合作（特别是与商界的合作），鼓励分享或吸收新技术的最佳做法或最佳实践，支持中小微创意企业利用数字经济优势整合新兴技术。最终建立一个数字技术可互操作的合作框架，通过可互操作性的塑造，使所有亚太经合组织人员和企业更多地参与到数字化创新中来，并从中受益。

第三节 促进强劲、平衡、安全、可持续和包容性增长

为确保亚太地区能够抵御冲击、危机、新冠肺炎疫情和其他紧急情况，各经济体应加强对相关部门工作实施进展的监管，提高执行部门的治理能力，以增强经济的包容性，为所有人、所有企业（包括中小微企业等）带来明显的利益和更大的福祉。

一、增强经济包容性

各经济体应以《亚太经合组织促进经济、金融和社会包容议程》为基础，采取以下措施加强针对所有人的经济包容性：①在贸易投资和数字化创新的经济驱动下，推进包容性政策，创造可持续经济增长机遇，提高社会所有成员的生活质量；②通过全面实施《拉塞雷纳妇女与包容性增长路线图（2019—2030年）》中的行动，促进性别平等，增强女性经济权能；③确保初创企业、中小微企业具备获得融资、进入全球市场和价值链的能力，协助其建设有效参与的、更广泛经济的能力；④在亚太经合组织支持中小微企业和女性经济赋权工作的基础上，开展亚太经合组织在其他经济潜力未开发群体（如土著人民、残疾人、偏远农村社区人士等）方面的工作；⑤消除经济参与障碍，鼓励经济行为者从非正式经济向正式经济过渡，以促进经济技术合作，加强能力建设和包容性经济参与；⑥分享经验和最佳实践，以促进

包容性和生活质量的提高。

二、不断完善 APEC 组织制度

为保持亚太经合组织作为区域经济合作主要论坛的独特地位，APEC 应通过良好的治理不断完善亚太经合组织的组织制度。APEC 应优化治理模式和组织结构，高效落实《2040 年亚太经合组织布特拉加亚愿景》的各项内容，确保亚太经合组织秘书处政策支持小组的人员配备和资源供给的可持续性，同时确保该机构保持财政审慎性。积极探讨扩大亚太经合组织成员和观察员的可能性，深化与亚太经合组织工商理事会、私营部门、太平洋经济合作组织、太平洋岛国论坛、东盟和其他国际或地区组织的接触，加强与更广泛的经济利益攸关方合作（如非政府组织和公民社会的接触），以反映《2040 年亚太经合组织布特拉加亚愿景》的广度；回顾和更新亚太经合组织与亚太经合组织研究中心联盟的关系，不断加强亚太经合组织的公众沟通工作，考虑如何更好地利用数字科技参与亚太经合组织的经济发展。

三、加强包容性人力资源开发和经济技术合作

为更好地为亚太民众提供面向未来的技能和知识，各经济体应采取必要的政策措施鼓励技能创新和人力资源开发方面的专业知识交流，分享这些领域的经验和最佳实践；改进劳动力市场数据集的收集和分析方式（包括更好地评估和弥补技能差距和技能与就业之间的不匹配）；加强经济技术合作和包容性人力资源开发方面的能力建设；落实亚太经合组织教育战略和亚太经合组织数字时代人力资源开发相关政策，开展地区民众技能和扫盲合作，以加快本地区经济数字化转型。在现有资历互认工作的基础上扩大资历互认范围，确保教育和人力资源开发的公平和包容（包括终身技能开发和社会保护措施），为广泛参与数字经济、包容性劳动力市场提供人力支援和技术支撑，以促进经济快速复苏。

四、协调生态环境与经济发展的关系

亚太经合组织的经济增长和社会繁荣是在环境可持续的基础上实现的。积极推动落实领导人在能源问题上的承诺，进一步完善亚太经合组织减灾框架，

努力协调生态环境与经济发展的关系,采取积极的措施应对包括气候变化、极端天气和自然灾害在内的所有环境挑战,建设一个可持续的地球。为此,各经济体应在亚太经合组织相关论坛上开展合作(制定和交流最佳实践政策),加快实施能力建设计划,实施符合国际义务的政策,积极开展在促进环境产品和服务贸易方面的工作,以促进环境可持续和经济有韧性的增长。通过能源转型确保能源安全、可及性、可靠性和弹性,合理化或逐步取消低效化石燃料补贴,或在适当的情况下建立碳定价机制。加强农业、林业、海洋资源业和渔业的可持续资源管理,落实《亚太经合组织海洋废弃物和打击非法、不报告和不管制捕鱼路线图》,打击非法采伐和相关贸易,为实现生态环境与经济协同发展作出贡献。

五、定期盘点和更新相关行动内容

《2040年亚太经合组织布特拉加亚愿景》是到2040年建立一个开放、有活力、有弹性以及和平的亚太社区,以促进我们所有人民和子孙后代的繁荣。要实现这一愿景,需要制订适当的实施计划并回顾其进展。

(一)强调经济体单独行动成果

到2023年底,每个经济体将根据APEC《奥特亚罗瓦行动计划》中的选项自愿展示各自的一些行动成果。鼓励各经济体及时通报行动进展,并通过相关委员会每两年向亚太经合组织通报进展情况,在提交进展报告时,各经济体还可酌情增加或取消现有行动计划,必要时,亚太经合组织论坛可就此进行讨论。

(二)进展评估

在APEC政策研究小组的协助下,亚太经合组织经济体将评估实现《2040年亚太经合组织布特拉加亚愿景》的进展情况。各委员会将与相关单位合作确定支持这项评价的相关指标,并通过现有的报告程序每两年报告进展情况,APEC高官们还将向亚太经合组织部长会议报告,以便持续跟进各领域取得的进展。

(三)集体行动五年回顾

为确保APEC《奥特亚罗瓦行动计划》成为一份"充满活力的文件"并具有现实意义,亚太经合组织将于2026年、2031年和2036年每5年审议一次集体行动和持续改进行动。衡量集体行动的标准是亚太经合组织整体的进展。现有的集体行动可以更新、修订或删除，也可能会加入新的集体行动，今后 5 年的集体行动将提请亚太经合组织部长级会议批准。

（四）中期进展盘点和经济体单独行动成果

在盘点 2031 年 APEC"集体行动"的同时，亚太经合组织还将盘点各经济体的个别行动，以及如何评估实现《2040 年亚太经合组织布特拉加亚愿景》所有要素的进展情况。

（五）论坛及分论坛职权范围

亚太经合组织各论坛和分论坛将在其职权范围、工作计划和战略计划中为实施《2040 年亚太经合组织布特拉加亚愿景》作出规定，包括通过《奥特亚罗瓦行动计划》。

第七章 亚太经合组织面向2030年粮食安全路线图实施计划

一个开放、透明、高效、可持续、有弹性的亚太经合组织粮食体系可以确保亚太地区人民能够获得充足、安全、便宜和有营养的食物；可以满足亚太地区人民积极健康生活的饮食需求和食物偏好。因此，亚太经合组织在APEC粮食安全伙伴关系平台上，以民间参与的原则制定了《亚太经合组织面向2030年粮食安全路线图实施计划》。

在《亚太经合组织面向2030年粮食安全路线图实施计划》中，提到了APEC主要相关论坛若干战略计划和路线图，例如《拉塞雷纳妇女与包容性增长路线图（2019—2030年）》《亚太经合组织全球数据标准采用指南和最佳实践》《茂物目标》《2040年亚太经合组织布特拉加亚愿景》、2014年亚太经合组织部长级会议颁布的《关于促进使用可互操作全球数据标准的声明》和2018年亚太经合组织部长会议达成的《关于非关税措施的跨领域原则》等战略计划和路线图，涉及的论坛有亚太经合组织粮食安全政策伙伴关系机制、农业技术合作工作组、海洋与渔业工作组和农业生物技术高级别政策对话等。在落实《亚太经合组织面向2030年粮食安全路线图》时，各经济体应以2010年亚太经合组织《新潟宣言》和粮食安全政策伙伴关系论坛建立以来的其他相关宣言联合声明为基础，继续坚持亚太经合组织的使命和原则，秉持平等伙伴关系、共同责任、相互尊重、共同利益的精神，以确保该计划的实施能够取得预期的效果。

《亚太经合组织面向2030年粮食安全路线图实施计划》阐述了亚太地区实现粮食安全的经济体个体行动、集体行动以及如何评估实施计划的进展标准，以确保其在所有评估要素上保持全面性、平衡性和相关性，使其具有足够的灵活性。此外，在《奥特亚罗瓦行动计划》中，特别强调了确保粮食安全、食品安全和改善所有人营养、减少亚太地区食物浪费和损失、农业可持续性和创新性的集体行动计划，并在亚太经合组织工商咨询理事会提交给亚太经合组织各经济体领导人的报告中呼吁各经济体支持有关粮食安全战略的一系列方法，以充分发挥私营部门在亚太经合组织保障粮食安全方面的作用。

第一节 加快推进数字化创新发展

数字化创新具有改变食物体系和加强食物安全的潜力，也是实现《2040年亚太经合组织布特拉加亚愿景》的经济驱动因素之一。多个经济体建议2022年底评估亚太经合组织中采用全球粮食数据标准，农产品数据标准和其他具有互操作性的数字技术，优化与生产相关的技术、可访问的创新金融技术和可互操作的数字文档，确定应优先开展工作的领域，并通过食物价值链来实现亚太地区数字化的互操作性。此外，亚太经合组织还应支持全球数据标准扫盲能力建设，鼓励各经济体更广泛地采用全球粮食数据标准、农产品数据标准和其他可互操作的数字技术，支持各经济体分享生产技术、供应链可追溯性技术、可访问的创新金融技术和可互操作的数字文档技术等最佳实践方法，并收集现有工作中与更广泛采用全球粮食农产品数据标准及其他可互操作的数字技术，分析亚太经合组织主论坛和子论坛采用全球粮食数据标准、农产品数据的标准和其他可互操作的数字技术的情况，依据分析结果对现有工作领域进行优先排序，确定更长远的工作内容。

韩国政府建议各经济体有针对性地制定数字化创新政策，确定创新性产品或技术的引进计划，并分享与亚太地区共同利益，关注政策审议，组织网络研讨会，获取相关的最佳实践案例，以完善亚太经合组织数据驱动监测系统，提高亚太经合组织食物体系应对气候风险、自然资源枯竭和农业粮食供应链中断的适应能力。马来西亚建议各经济体在条件允许的情况下，开设数字化创新培训班，以提高服务体系不完善的地区与食物系统相关的数字素养和数字化创新能力。为了进一步推进粮食供应链数字化创新工作，日本建议从2022年起，各经济体和相关论坛可以通过亚太经合组织粮食安全信息平台自愿分享其在粮食供应链数字化创新方面的信息与最佳实践（例如亚太经合组织粮食安全政策伙伴关系机制、农业技术合作工作组和农业生物技术高级别政策对话中的最佳实践）。各经济体应与私营部门展开对话，完成数据统计和与粮食安全网站信息相关的链接，利用各经济体和相关论坛提供的信息更新亚太经合组织粮食安全信息平台数据库，以打造更有利于促进亚太地区食物安全的信息服务平台。

亚太地区个人和以社区为单位使用数字工具的人数逐渐增加。扩大数字化创新工具使用面和基础设施的服务范围，可以帮助亚太地区各经济体在全食物价值链中实现有韧性、可持续的和包容的增长。因此，APEC应继续推进数字结构性改革，夯实数字基础设施，加快数字转型，共享各经济体政策实践信息，缩小数字鸿沟，并通过宽带、5G技术和物联网合作促进数据流动、数字互联互通和包容性技术资源优化，以实现食物系统全方位的链接。此外，还应增加对服务体系不完善地区数字基础设施建设的投资，改善其宽带的可用性，为其提供更容易获得的数字化创新工具。针对此议题，亚太经合组织粮食安全政策伙伴关系机制第2工作组鼓励各经济体通过必要的投资或结构性改革提高服务体系不完善地区数字基础设施的建设水平。具体措施如下：① 推行结构性改革和健全的经济政策；② 提供资金支持农业和食物部门创新数字技术的研发；③ 协调公共和私营机构利益相关者，使所有参与者都有机会为制定促进互联网和数字经济增长的政策建言献策；④ 支持和鼓励数字化创新技术在食物系统中的应用。数字基础设施建设水平的提高在为服务体系不完善地区的人们创造更多进入市场的机会的同时，也促进了该地区的数字化创新，还为亚太地区实现互联网和数字经济的可持续和包容性增长注入了不竭动力。

认识到数字化创新的重要性后，中国建议亚太经合组织各经济体政府和私营部门积极投资数字转型技术和其他创新技术，增加对农业部门中小微企业（包括初创企业）和小规模生产者的投资，以公私合作的形式来开展更广泛的工作，采用和维护有利于促进投资的法律法规，促进数字化创新技术在整体粮食价值链中的使用，有利于粮食生产储存设施、物流设施等承载能力的提高。此外，各经济体还可以通过提升生产者与消费者之间的供需匹配程度来提高农业生产率，最大限度地减少粮食损失和浪费，增强供应链在中断期间的抵御能力；通过深化政府机构和私营企业在粮食收获后管理方面的交流合作，促进粮食储存设施和物流能力现代化；通过解决创业障碍、加强数字化能力建设，为中小微企业、初创企业和较为弱势企业创造获得融资的机会。

亚太经合组织可以开展与数字化创新相关的调查研究，找出阻碍数字化转型、食物体系优化、粮食安全能力提升的障碍，并在适当的情况下鼓励各经济体公私部门在存储、运输、加工、包装、相关技术创新和基础设施改进等方面建立公私伙伴关系，鼓励各经济体互联网公司协助小股东建立行业信息咨询和共享平台，以完善智能、节能、绿色、低碳、高效的粮食储存基础设施建设。在这方面，亚太地区可采取以下集体行动：①就亚太经合组织经济体中有关食物储存基础设施的管理措施、监管办法和竞争政策问题展开经验交流；②对经济体周围的粮食储存设施进行研究，包括现代储存设施、中小微型企业的设施标准以及小股东和零售商的储存方法；③在炎热、潮湿的地区因地制宜地建设粮食储存设施，以减少该地区粮食收获后的损失和浪费；④提高物流质量，建立一个运作良好、协调有力、成本低廉的物流网络，使食物在供应链上的转移更畅通、更安全；⑤为APEC成员经济体提供食物物流运输领域的建设能力和技能培训。

进展情况评估结果显示，APEC公私部门投资主要集中在促进创新技术的使用方面，旨在帮助各经济体提高生产力、实现粮食安全和实现更高水平的绿色经济发展。随着智能、节能、减损、环保、低碳、高效的管理技术的广泛应用，中小微企业的竞争力和创新水平得到提高，经营环境得到改善，并在一定程度上促进了亚太经合组织食物储存设施和物流能力的现代化。

第二节 提高APEC食物系统生产率、包容性和可持续性

一、提高APEC食物系统生产率

亚太地区要实现可持续和包容增长，提高区域食物体系的生产力效率，构建开放、公平、透明、可预测和非歧视的多边贸易体制至关重要。新西兰建议各经济体探索构建可以使易腐货物及时通关的制度，以减少该部门公私企业的额外成本与食物损失和浪费。中国认为粮食贸易标准的一致性对粮食安全具有积极影响，建议各经济体在评估有利于保障粮食安全的最佳案例时，应重点审议其是否采用了APEC共同商定的以科学为基础的标准、准则和建议来指导实践。

在提高APEC食物系统生产率的实践中，各经济体建议应以《实施卫生与植物卫生措施协定》和相关标准、准则和建议为基础制订相关实施计划，但需对其标准、准则和建议的有效性进行调查，以促进农产品贸易的发展和粮食体系活力的提高。美国建议各经济体在食物体系的背景下，向APEC相关部门报告《茂物目标》和《2040年亚太经合组织布特拉加亚愿景》的进展情

况,审议食物体系在商品服务和投资方面的进展,并在食物部门的支持下根据 APEC《奥特亚罗瓦行动计划》盘点食物体系的目标进展情况。非关税措施不应对国际贸易中进口农产品有任意无理歧视,各经济体的非关税措施应与其在世界贸易组织中的承诺和需要承担的义务相一致。在制定和实施粮食非关税措施时,各经济体应酌情考虑相关的国际标准和《亚太经合组织非关税措施跨领域原则》,再根据《实施卫生与植物卫生措施协定》《技术性贸易壁垒协议》及世界贸易组织的建议来制定或实施透明、具有协商性和及时性的非关税措施,并公开各经济体提供的有关非关税措施的信息。

为确保农业粮食与渔业部门、中小微企业和小规模生产者可持续生产力的提高,各经济体应放宽进出口规则和工商认证登记原则,激发中小微企业和小规模生产者在农业部门的最大生产潜力,构建使中小微企业和小规模生产者具有长期生产潜力的粮食体系。与食物体系中的私营部门行动者密切合作,查明消除饥饿和营养不良取得进展的政策障碍,可从以下 4 个方面入手:①消除一切形式的营养不良,特别是 5 岁以下儿童的发育迟缓和消瘦症状;②提高生产力,改善小规模粮食生产者的生计,特别是在亚太经合组织维持生态系统和改善土壤质量方面具有相对优势的地区;③增加农业部门、中小微企业和小规模生产者进入境内和国际市场的机会;④减少粮食损失和浪费。此外,各经济体还应支持食物系统的政策设计,有针对性的政策设计可以最大限度地减少饥饿和营养不良方面的障碍。

二、提高 APEC 粮食系统包容性

《亚太经合组织面向 2030 年粮食安全路线图实施计划》中指出,鼓励不同群体参与亚太经合组织粮食安全政策伙伴关系机制(PPFS)会议、讲习班、小组讨论和论坛,可以增强参与主体的多样性。新西兰建议各经济体在落实《拉塞雷纳妇女与包容性增长路线图(2019—2030 年)》时,应鼓励女性积极参与粮食安全政策伙伴关系机制(PPFS)下的相关工作,并采取强制性政策确保妇女能够参与农业部门的经济活动,以促进性别平等,增强妇女在获得资本和进入市场方面的能力,确保亚太地区能够更大程度地融合和增强妇女权能,最终实现包容性增长。此外,新西兰还鼓励各经济体分享有利于提高 APEC 粮食系统包容性的相关工作的最佳实践,以释放亚太经合组织粮食体系中不同群体的经济潜力。

美国建议各经济体重视培养青少年参与粮食体系的能力,以提高青少年对粮食体系的参与程度。部分经济体建议各经济体增加中小微企业、妇女、青少年、小股东集团获得资本和进入市场的机会,以确保农业粮食部门的所有不同群体都有能力参与经济活动。此外,部分经济体还建议各经济体可以通过分享投资电子支付等企业的信息和成功经验来增强粮食体系普惠金融的包容性,但需在2022年前对现有普惠金融的包容性进行评估。

三、提高APEC食物系统可持续性

在改善亚太经合组织食物体系的运营环境和提高食物系统可持续性方面,各经济体可根据自身情况采取有利于良好环境的形成和有利于预防(或尽量减少)市场扭曲的农业政策。

认识到各经济体在食物领域采用了一系列不同的政策、方法后,美国建议各经济体在自愿、信息共享的基础原则上,解决生物多样性、自然资源枯竭、土壤利用和水源供应问题。此外,美国还建议农业部门实施有利于环境保护的政策,推广和支持有利于形成良好环境的方法,以促进良好环境的形成,预防(或最大限度地减少)市场扭曲。新西兰建议亚太经合组织各经济体信息共享,并分享关于环境友好、对自然有益和食品生产加工、分销可持续的投资和最佳实践,以完善食物体系温室气体排放清单。部分经济体建议加大对环境友好、对自然有益、可持续的食物生产、加工和分销的负责任投资。

为实现联合国可持续发展目标12.3和《亚太经合组织面向2030年粮食安全路线图》中的可持续发展目标,中国台北举办了能力建设和最佳实践共享研讨会,旨在支持亚太地区为实现食物系统可持续性的个体行动和集体行动。中国台北建议各经济体采取以下措施:①定期审查目标进展情况,各成员经济体可采用联合国粮食与农业组织的粮食损失指数、联合国环境规划署的粮食浪费指数或其他适当的指数来衡量粮食损失和浪费,也可以根据自身实际情况设定衡量粮食损失和浪费的指标(即使是针对至少一种粮食或粮食供应链的一个阶段);②协调沟通渠道:加强政府部门与非营利组织、私营部门、研究机构和它们所在地区的其他经济体之间的合作以及中小微型企业与消费者之间的合作;③把粮食损失和浪费创新奖、资助和《亚太经合组织面向2030年粮食安全路线图》等列为非立法项目;④将粮食损失和浪费纳入中期战略计划和社会发展计划;⑤加大对基础设施和冷链物流的投资,以完善相

关基础设施建设;⑥与亚太经合组织其他相关分论坛或国际组织保持联系,并共享减少粮食损失和浪费的最佳实践;⑦支持开展与减少粮食损失和浪费相关的活动,以降低目前的粮食损失和浪费水平。除此之外,中国台北还建议持续更新 APEC-FLOWS 平台(URL:http://apec-flows.ntu.edu.tw),为 APEC 成员分享创新技术、商业机会和减少粮食损失和浪费的最佳实践提供平台支持。

第三节 创新 APEC 食物系统公私部门合作模式

创新亚太经合组织食物系统公私部门合作模式旨在完善亚太经合组织食物体系,并强化其功能。日本建议亚太经合组织各经济体加强公共和私营部门之间的定期对话,并对其进行定期调查,依据自愿性原则鼓励各经济体将调查结果分享在亚太经合组织粮食安全信息平台上,以更新该平台上关于公私合作的信息。美国建议审查亚太经合组织粮食安全政策伙伴关系机制的运作程序和职权范围,以确保其与亚太经合组织工商咨询理事会和更广泛的私营部门建立的伙伴关系更有意义、更能反映私营部门的优先事项和利益。此外,各经济体还可以推荐私营部门的代表担任亚太经合组织粮食安全政策伙伴关系机制的成员,以增强各经济体公私部门之间的定期对话,从而促进与创新食物系统公私部门合作模式有关的最佳实践信息的共享,推动亚太经合组织食物体系的正常运作。

第四节 《亚太经合组织面向 2030 年粮食安全路线图实施计划》保障措施

《亚太经合组织面向 2030 年粮食安全路线图实施计划》的有效实施,需要明确其具体目标、衡量指标和完成年份。泰国和美国共同建议各经济体在 2022 年举办讲习班、分享会和网络研讨会,分享各经济体关于《亚太经合组织面向 2030 年粮食安全路线图实施计划》的最佳做法、行动建议和衡量目标的标准或指标,努力把《亚太经合组织面向 2030 年粮食安全路线图实施计划》转变为具体行动。

2022 年,泰国建议 APEC 各成员经济体把《亚太经合组织面向 2030 年粮食安全路线图实施计划》作为粮食安全工作的指导方针，并根据2022—2030年的实施计划对每个行动领域都制订一项实施计划，为食物部门的生产者和企业取得更有意义的成果作出应有的贡献；其次是要鼓励亚太经合组织相关论坛提交有关《亚太经合组织面向2030年粮食安全路线图实施计划》的项目提案，并确定各成员经济体为实现《亚太经合组织面向2030年粮食安全路线图实施计划》可能采取的具体自愿行动和为实施该计划分配的预算。部分经济体建议各经济体根据《亚太经合组织面向2030年粮食安全路线图实施计划》在农业与食物领域制定实施计划和支持政策，并于2025年对《亚太经合组织面向2030年粮食安全路线图实施计划》的进展情况进行中期审查。

主要参考文献

冯阳,2013. 中国与东盟农产品贸易竞争性与互补性研究 [J]. 农业现代化研究 (5):587-590.

高贵现,徐雯,2020. 中国与中东欧中亚经济体农产品贸易分析 [J]. 农业展望 (3):140-146.

高华阳,2019. 中韩农产品贸易比较优势分析 [J]. 现代经济信息 (1):148.

郭瑾,阿布来提·依明,2017. 中国与巴基斯坦农产品贸易显示性比较优势及互补性研究 [J]. 克拉玛依学刊 (3):48-54.

江婷,俞思敏,2019. 中国对金砖经济体农产品出口贸易持续时间的研究 [J]. 山西农经 (20):7-11.

孔雪,2016. 中国与东盟经济体农产品贸易互补性问题研究 [J]. 现代营销 (下旬刊)(5):3.

李旻晶,涂珊珊,2020. 中俄农产品贸易的现状及问题研究 [J]. 现代商贸工业 (2):44.

李荣,刘闪,2011. 中国与印度农产品双边贸易的竞争性与互补性分析 [J]. 科协论坛 (下半月)(12):143-144.

李珊珊,刘泽琦,彭珈祺,2020. 我国与东盟经济体农产品贸易影响因素及潜力分析 [J]. 南方农业学报 (4):968-974.

梁丹辉,2014. 中国与南非农产品贸易互补性及增长空间分析 [J]. 农业展望 (7):65-69.

刘晨阳,2019. 亚太经合组织 30 年:亚太区域经济合作进程回顾与展望 [J]. 当代世界 (11):4-10.

刘明迪,2019. 我国与贸易伙伴国农产品贸易竞争力比较分析 [J]. 全国流通经济 (26):34-35.

吕建兴,刘建芳,祁春节,2011. 中国—东盟果蔬贸易互补性与竞争性研究［J］．东南亚纵横（2）：49-54．

戚兆坤，隋博文，2020．中国—东盟农产品产业内贸易特征及国别序［J］．梧州学院学报（2）：9-22．

齐思桐，2019．中国对韩国农产品出口贸易持续时间研究［J］．中国市场（31）：1-5．

乔平平，2022．APEC数字经济合作的进展、挑战及中国参与策略［J］．对外经贸实务（2）：51-54．

申秀清，2015．我国农产品对外贸易发展结构及其战略调整［J］．改革与战略（12）：193-196．

史佳颖，2020．APEC数字经济合作的最新进展及展望［J］．国际经济合作（1）：37-44．

孙月，2018．我国农产品贸易发展及国际竞争力分析［J］．农家参谋（24）：6．

唐华俊，2014．新形势下中国粮食自给战略［J］．农业经济问题（2）：4-10．

唐瑶，2019．中国国际贸易竞争力及其影响因素分析［J］．时代金融（12）：1，13．

吴嘉锡，陈宁远，宋洋，等，2018．中荷农产品贸易特征与趋势展望［J］．统计与管理（2）：15-18．

肖黎，周镕基，2019．我国农产品贸易逆差与进出口农产品结构的灰色关联研究［J］．衡阳师范学院学报（1）：61-70．

谢国娥，李亮，2008．中泰两国农产品贸易竞争力及其关系研究［J］．华东理工大学学报（社会科学版）（3）：47-53．

许勤华，袁淼，2021．区域全面经济伙伴关系协定的生效与亚太经合组织机制内能源合作［J］．区域与全球发展（2）：5-19．

亚太经合组织，2014．亚太经合组织互联互通蓝图（2015—2025）［N］．人民日报（11）．

闫书鹏，2016．2015年巴西农产品贸易形势分析及前景展望［J］．世界农业（5）：128-129．

杨丽华，龚恩民，2019．中国—中亚农产品贸易结构及细分农产品贸易竞争力分析［J］．新疆财经（6）：60-69．

杨丽华，徐榕荫，贾林琅，2019. 中国与巴基斯坦农产品贸易关系测度及提升对策［J］. 湖南工业大学学报（社会科学版）（4）：62-70.

袁祥州，程国强，朱满德，2015. 中加农产品贸易：结构特征、竞争优势及其互补性［J］. 国际商务（对外经济贸易大学学报）（2）：5-16.

张安娜，2016. 中俄农产品产业内贸易分析［J］. 中小企业管理与科技（下旬刊）（6）：101-103.

张国华，2010. 中国和俄罗斯农产品贸易现状及特征［J］. 俄罗斯中亚东欧市场（4）：30-33.

张溪，厉英珍，2016. 中韩农产品出口竞争性与互补性研究［J］. 现代商贸工业（12）：48-50.

张英，2012. 中韩农产品产业内贸易研究［J］. 哈尔滨商业大学学报（社会科学版）（6）：41-48.

郑国富，2018. 中国与周边经济体农产品贸易：发展特征、问题与建议［J］. 国际经济合作（12）：42-47.

CHRISTOPHER M, ASHLYNN S S, 2020. The changing virtual water trade network of the European electric grid［J］. Applied Energy, 260：1-8.

JOSEPH B, SHUSHUAI Z, 2016. Potential effects of a Trans-Pacific partnership on forest industries［J］. Forest Policy and Economics, 81：97-104.

KONE S, NOUFOU C, YAPI Y M, 2019. Evaluation of the impact of various Doha Round Conclusion Scenarios at the WTO agricultural negotiation, 8(3)：30-32.

LUCREZIA L, PIER P M, PIERLUIGI T, 2017. Virtual water trade of agri-food products：evidence fromitalian-chinese relations［J］. Science of the Total Environment（599-600）：474-482.

MARKO L, RICCARDO D R, ENRICO V, 2018. Social network analysis as a tool for the analysis of international trade of wood and non-wood forest products［J］. Forest Policy and Economics, 86：45-66.

NILESH T, UKTI S, JAMEEL R, et al., 2018. Online trade of eye care products-What do Indian consumers think［J］. Contact Lens and Anterior Eye, 41：33-38.

RIMA W, JABADO, SAIF M, et al., 2015. The trade in sharks and their products in the United Arab Emirates [J]. Biological Conservation, 181: 190-198.

TARIQ A, ABDUL M, NADEEM, et al., 2019. Sustainable water use for international agricultural trade [J]. The Case of Pakistan, 11 (11): 1-25.

TIMOTHY J, STURGEON, 2021. Upgrading strategy of digital economy [J]. Journal of Global Strategy, 1: 34-57.

YU Z, JINHE Z, CHANG W, 2017. China and trans-Pacific partnership agreement countries: estimation of the virtual water trade of agricultural products [J]. Journal of Cleaner Production, 140: 1493-1503.

ZHIHUI L, JING S, HAN S, 2020. Do China's wind energy products have potentials for trade with the "Belt and Road" countries? -A gravity model approach [J]. Energy Policy, 137: 111-172.

附录　本书农产品编号表

编号	农产品
HS01	活动物
HS02	肉及食用杂碎
HS03	鱼及其他水生无脊椎动物
HS04	乳、蛋、蜂蜜及其他使用动物产品
HS05	其他动物产品
HS06	活植物、茎、根、插花、叶
HS07	食用蔬菜、根及块茎
HS08	食用水果及坚果，甜瓜等水果果皮
HS09	咖啡、茶、马黛茶及调味香料
HS10	谷物
HS11	制粉工业产品
HS12	油籽、籽仁，工业或药用植物、饲料
HS13	虫胶、树脂及其他植物汁
HS14	编结用植物材料，其他植物产品
HS15	动植物油、脂、蜡，精制食用油蜡
HS16	肉、鱼及其他水生无脊椎动物的制品
HS17	糖及糖食
HS18	可可及可可制品
HS19	谷物、淀粉等或乳的制品
HS20	蔬菜水果等植物或其他部分的制品
HS21	杂项食物
HS22	饮料、酒及醋
HS23	肉及食用杂碎
HS24	烟草、烟草及代用品的制品
HS51	羊毛及动物毛
HS52	棉花、生棉、废品棉、精梳棉